RESEARCH ON THE COMPLEX CHARACTERISTICS OF URBAN TRANSPORT NETWORK SPACE-TIME EVOLUTION MODEL

城市路网与交通时空

赵方霞　尚华艳　著

人民交通出版社股份有限公司
北京

内 容 提 要

本书系统介绍了城市交通路网的演化分布、基本概念和发展状况等，主要内容包括：考虑人口移动特性的城市人口分布演化规律、考虑投资和交通设施承载力的城市路网演化时空复杂性及北京市路网演化的时空复杂性。

本书可供科研机构、企事业单位从事城市路网分析等相关工作的各类人员参考。

图书在版编目(CIP)数据

城市路网与交通时空 / 赵方霞，尚华艳著. — 北京：人民交通出版社股份有限公司，2021.10

ISBN 978-7-114-17596-1

Ⅰ.①城… Ⅱ.①赵… ②尚… Ⅲ.①城市交通网—交通规划—研究 Ⅳ.①U491.1

中国版本图书馆 CIP 数据核字(2021)第 175229 号

Chengshi Luwang yu Jiaotong Shikong

书　　名：城市路网与交通时空
著 作 者：赵方霞　尚华艳
责任编辑：屈闻聪
责任校对：孙国靖　扈　婕
责任印制：张　凯
出版发行：人民交通出版社股份有限公司
地　　址：(100011)北京市朝阳区安定门外外馆斜街 3 号
网　　址：http://www.ccpcl.com.cn
销售电话：(010)59757973
总 经 销：人民交通出版社股份有限公司发行部
经　　销：各地新华书店
印　　刷：北京虎彩文化传播有限公司
开　　本：787 × 1092　1/16
印　　张：7.75
字　　数：177 千
版　　次：2021 年 10 月　第 1 版
印　　次：2021 年 10 月　第 1 次印刷
书　　号：ISBN 978-7-114-17596-1
定　　价：50.00 元

PREFACE | 前言

人口与道路网络是城市系统的两个重要组成部分,其中城市人口空间分布是城市系统的基础,也是城市中一切社会经济活动的前提条件,而城市道路网络是城市系统的骨架,是城市中主要社会经济活动的载体,两者共同促进城市的发展。然而,两者之间还存在着复杂的相互关系。城市人口空间分布是构建城市道路网络的基础,特定的城市人口空间分布可以导致相应的城市交通道路网络模式;反之,城市交通道路网络系统也会对城市的人口空间分布和形态产生巨大的约束和导向作用。因此,通过对城市人口空间分布的研究,能帮助我们发现城市交通道路网络演化的驱动力,揭示城市交通道路网络演化机理,理解人-车-路-环境之间的影响机制,为制定缓解交通拥堵措施、科学合理地进行城市规划提供理论支持。

具体来讲,本书主要介绍了以下内容:

(1)人口分布演化。人口作为城市规模的基本特征之一,其数量和空间分布对城市形态、结构和功能有较大的影响。本书通过引入偏好和随机探索机制,并综合考虑了交通小区人口的承载能力、最大迁移距离、迁移率、随机迁移参数,建立了城市人口演化模型。数值模拟实验结果表明,随着承载能力、最大迁移距离、迁移率的增大,人口分布呈现出集中化,而随着随机迁移参数的增加,人口分布则表现为分散化。

(2)人口分布影响下的路网演化。通过引入相对邻域图和费马(Fermat-Webber)选址问题作为城市交通道路网络的连接机制,建立了基于人口分布驱动下的城市道路网络的演化模型。数值模拟实验验证了人口对道路网络演化的影响,进一步分析了城市路网演化过程中的拓扑特征,如度分布、介数、覆盖度、环性和树性等。数值仿真结果表明人口分布对路网拓扑结构有较大的影响。

(3)投资和交通设施承载力影响下的路网演化。通过考虑中心区域和投资对路网拓扑结构的影响,在最大化交通设施承载力的目标下,提出了城市道路网络最优结构演化模型。数值实验研究了不同的城市路网初始形态对道路网络演化的影响。此外,城市中心区域的数量也将对整个交通设施的承载力产生很大影响,且多中心区域的交通设施承载力会比单中心区域道路交通设施承载力大。

(4)人口分布和路网的互演化。通过考虑房价和道路可达性的影响,建立了城市道路网络和城市人口分布的互演化模型。数值模拟实验结果揭示了人口分布和城市道路网络之间相互作用、相互促进的演变规律,研究了互演化过程中城市路网的典型拓扑属性。

(5)实证分析。以北京市道路网络为例,对人口分布和道路网络的互演化模型进行了实证验证。通过分析北京市人口和道路网络演化规律,对比模拟路网和真实路网的各项度量指标,验证了本书提出的城市道路网络演化模型可以较好地揭示道路网络演化过程。

本书有关科研工作的完成得益于国家自然科学基金(编号:71971144,71801161,71901154)、北京市自然科学基金(编号:8192006)、北京市教育委员会科研计划项目(编号:SZ201910038021)的资助。此外,本书的出版也得到了首都经济贸易大学管理工程学院大数据与智慧交通研究中心的大力支持,谨在此一并致谢。

本书的内容主要集中在道路网络演化,希望可以为国内相关科研技术人员、初学者提供参考借鉴。书中参考大量的文献,已明确标注,如有理解不当之处,读者可查找原文参考。城市路网演化时空复杂特性研究涉及的研究内容很多,难度很大,同时因作者水平有限,本书在内容深度方面难免不足,仅作为个人学习工作的总结,不足之处请广大读者批评指正。

作　者

2021 年 7 月

CONTENTS | 目录

CHAPTER 1

第一章

绪　论

第一节 概述

随着经济的快速发展和城镇化进程的不断推进,城市的规模正变得越来越大。2014 年 3 月 16 日,中共中央、国务院印发了《国家新型城镇化规划(2014—2020 年)》(以下简称《规划》)。《规划》提出了城镇化格局要更加优化和城市发展模式科学合理的发展目标,并提出了发挥综合交通运输网络对城镇化格局的支撑和引导作用的要求。然而,城市系统作为一个复杂的社会经济系统,其形成尽管受到各种因素的影响,但其地理位置和交通条件是影响城市发展的关键因素。从城市自身来看,城市的快速发展是经济高速增长的直接体现,这不仅反映在城市数量的快速增加,更体现在城市人口规模和空间分布的不断扩张[1]。然而,在城市快速发展的过程中,始终有一个问题贯穿于城市演化的整个过程中,即城市道路网络与城市人口分布的相互作用及机理。城市道路网络的不断变化总能在城市快速发展的每一个特殊阶段反映出来,而城市道路网络的相应变化又作用于城市人口分布。特别是从改革开放以来城市化快速发展的进程中可以发现,城市道路网络与城市人口分布演化总是相互促进和相互影响的[1]。这反映了城市人口分布与城市道路网络之间复杂而密切的关联关系。这种关系一方面反映在城市人口分布对城市路网提出更高的要求,并为其提供改善的条件;另一方面,城市路网的改善又对城市人口分布的进一步演化产生显著的促进作用[1]。

城市交通与城市人口分布是相生相伴的。从城市道路网络演化的角度来看(图 1-1)[2],在城市系统中人口的分布是产生交通需求的根源。为更好地研究城市交通道路网络的演化和发展,城市的人口分布演化是必经的阶段。在城市快速发展的过程中,城市人口分布演化与城市路网之间表现出明显的阶段性相互作用特性和错综复杂的相互作用关系。自改革开放以来,随着我国经济快速发展,城镇化进程不断推进,大量农村人口涌向城市,城市规模不断扩大。这种变化在促进经济快速发展的同时,也给城市带来了许多“城市病”,例如交通拥堵、土地过度开发以及城市空间迅速蔓延等。城市交通问题和城市空间演化的交织,为政府和学术界提出了一个重要而紧迫的问题。

城市交通系统涉及人、车、道路、环境及管理控制系统等诸多因素[3],是一个典型的复杂巨系统,它随着社会的进步和经济的发展而不断演化。开展城市交通管理科学复杂性研究具有重要的现实意义。改革开放后,随着机动车不断增加,我国城市交通拥堵日益加剧,人们才开始真正重视交通科学研究。如何改善交通大系统的性能,更好地为出行者提供舒适的交通服务,是国内外交通学者一直探索的目标。而对城市交通道路网络演化的研究是研究交通大系统性能的重要组成部分。

城市交通道路网络演化的一个重要特点是具有时空复杂性。从理论上分析城市交通路网时空演化的复杂性,是研究复杂交通路网的关键,同时也是城市交通路网研究的关键性基础理论问题之一。开展此方面的研究不仅可以揭示城市自身的时空演化复杂性,为研究城市交通问题提供理论基础,而且会对提高整个路网承载能力,充分利用现有交通资源,减少城市规划设计和交通管理的盲目性,科学地制定城市交通的战略发展规划提供理论依据[4]。

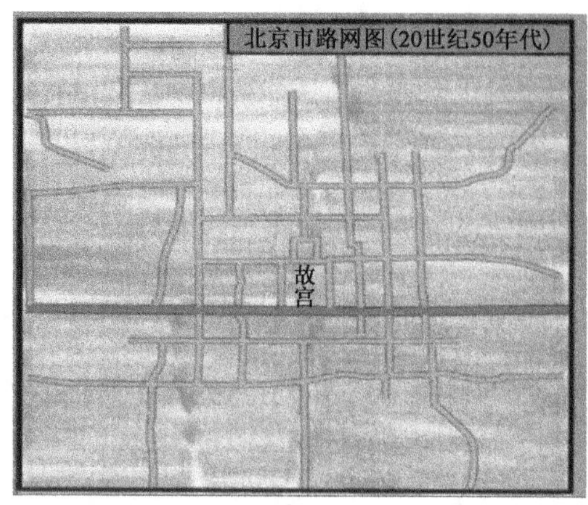

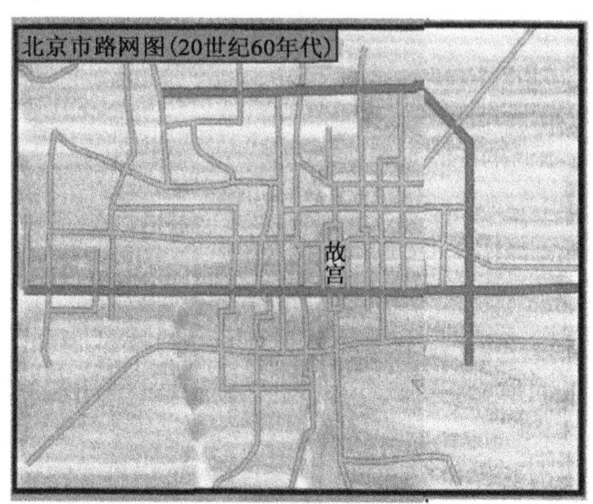

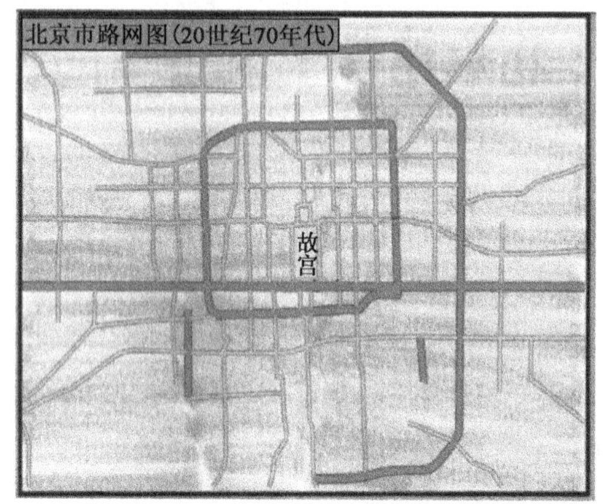

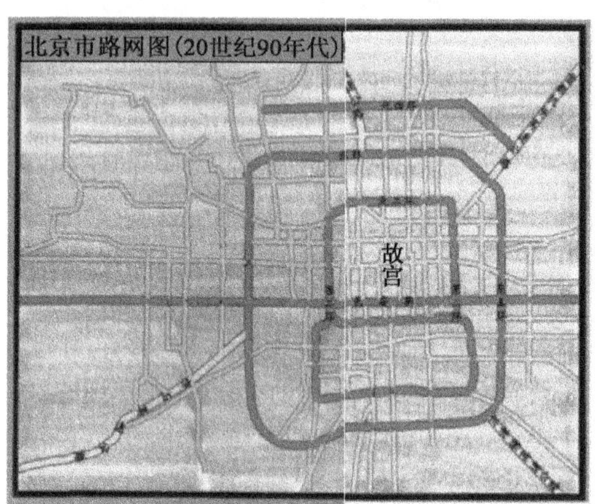

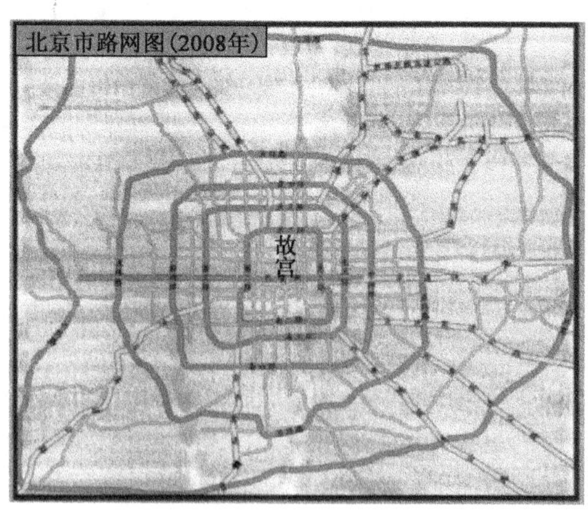

图 1-1 城市路网演化样例(北京市路网演化图)[2]

第二节 研究分类

尽管交通网络的增长具有复杂性和多维性的特点,并且其变化过程往往长达几十年,但其演化机理仍然可以通过进一步的理解它的潜在机制来处理和预测。在这种观念下,许多学者运用地理学、经济学、区域科学、城市规划、网络科学和交通工程学对交通网络演化的建模和分析做了大量持续性的工作。过去的研究从研究方法的角度分类,主要可以分为以下5个方面。

一、交通地理学

在20世纪60年代到70年代,地理学家把网络的增长看成是拓扑变换,其目的是提炼网络结构变化的过程或者重现交通网络的演化拓扑结构。

在交通地理学中,交通网络通常会简化为点、边和流的图形,其中节点表示交通小区、设施或者交叉路口,边表示道路或者服务线路,流表示网络上的移动模式。1962年,Garrison和Marble[5]引入图论的方法运用地理学、区域学和城市科学[6]等研究了交通网络。20世纪60年代和70年代是经济地理学和区域科学发展的鼎盛时期,一些地理学家通过交通网络的变换和拓扑变化研究了交通网络的增长。其中,Haggett、Chorley[7]和Lowe、Moryadas[6]给出了比较全面的研究概述。

为了尝试从一系列离散阶段中建立交通网络增长的连续模型,Taaffe等[8]提出了四阶段模型来描述一个不发达国家从沿海到内陆的网络增长过程;Pred[9]利用Taaffe的模型研究了美国大西洋海岸,同时Rimmer[10]利用该模型研究了新西兰的南岛;Lachene[11]在各向同性的交通网络上建立了一个网络发展的分段模型,该模型从一个由泥土小路和均匀分布的经济活动开始发展,随后在交叉口处形成居住地,道路网络的发展是为了连接这些交通小区。随着泥土小路变成了公路,经济活动主要集中在城市的中心区域,因此一些乡下很少使用的道路被废弃,最终形成一个包括连接市中心的铁路和公路的高级网络。

不同于描述网络增长的各个阶段,地理研究的另一方面是通过构造模型来模拟研究网络的模式。Garrison和Marble[12]利用蒙特卡罗模拟的方法模拟了1830—1930年间的北爱尔兰铁路网络的拓扑结构变化,同时Morrill[13]研究了瑞典中部的铁路网络;Kansky[14]给出了一种网络结构的定量预测模型并且应用到西西里铁路网络研究中,文章中随机选择了西西里30个主要交通小区里面的16个交通小区,第一条路段主要来连接两个最大的交通小区,然后逐渐添加连接使得次大的交通小区连接到网络中最大的交通小区上;Kolars和Malin[15]利用不同于节点连接的方法对土耳其的铁路网络演化进行了建模,该方法中路段建立在利用人口可达性定义的脊线上;Black[16]把美国缅因州的铁路网络作为波特兰的树分支,逐渐向外连接外围边缘节点,建设一条路段的概率是通过潜在收入、建设费用和路段的监督约束函数计算得到的,特定时间一对节点之间的一条路段是出现还是消失是由这个函数的得分是否超过阈值决定的。

虽然这些研究能够洞察交通网络结构的变化，但是它们是通过启发式和直观的交通网络增长规则来研究简单网络，缺乏对内在机制以及交通网络演化原因的理解。基于对这些研究的整理，Haggett 和 Chorley[7]发现这些研究不是很充分，因此建议在后续研究中给出道路网络增长方面更通用的理论。

二、优化和网络设计

从 20 世纪 70 年代，交通规划者和经济学家们利用交通需求预测模型预测网络交通流并对网络变化进行优化建模，认为网络的增长是政府、业主和开发商根据市场环境和政府决策共同作用的合理结果。

在 20 世纪 50 年代末，Douglas 对芝加哥地区的道路网络进行研究，目的是在道路投资花费、用户出行时间、运营成本和事故成本最小的前提下寻求道路投资的最优解。他和他的团队设计了一系列的预测方法来预测 1980 年的一个典型工作日个体选择公路和公共交通出行的数量，给出了一个高速公路的空间公式来计算当前或未来经济活动下高速公路和主干路的建设程度和布局。Boyce[17]作出了开创性的工作，芝加哥区域交通研究（CATS）作为城市区域出行需求预测[18-19]的例子很快被世界熟知。出行需求模型的流行使得交通网络中的交通流实际预测成为可能，并且使得交通网络演化建模逐渐复苏。

交通流在研究交通网络增长中起着重要的作用。Newell[20]和 Vaughan[21]研究了交通流在各种网络结构形成中的作用；从更实际的角度，Ewing[22]提出了通过分析随着居住密度的增加，道路中各出行模式所占比例、出行长度、出行时间和交叉口的通行能力的变化，来建立最优化的模型；Vitins 和 Axhausen[23]利用现存的网络模式和规则探讨了最优网络设计的一般化方法。

在过去的 20 年里，用户平衡求解算法能够推导网络的交通流量，并整合求解网络设计问题（NDP）[24]。典型的网络设计问题一般被描述成双层规划问题（Bi-Level Programming，BLP），其中下层表示在给定的投资下需求性能平衡，而上层描述的是交通规划者的投资决策。从数学上来讲，在一定约束规格下[25]，下层的最优化问题可以表示成等价的非线性互补问题（Nonlinear Complementarity Problem，NCP）或变分不等式（Variational Inequities，VI）。因此，网络设计问题能够转化为带互补约束的数学规划问题（Mathematical Programs with Complementarity Constraints，MPCC）或带均衡约束的数学规划问题（Mathematical Programs with Equlibrium Constraints，MPEC）[26]。无论被表示成哪种形式，交通网络设计问题一般都是非线性、非凸的，并且是 NP-hard（NP 难题）[26]。因此，长期以来，它被看作是交通研究领域中最困难和最具挑战性的问题[24]。依据网络设计问题上层决策变量的连续或离散性，网络设计问题可以分为连续网络设计问题和离散网络设计问题。连续网络设计问题研究的是网络上已经存在路段的最优路段扩张决策，而离散网络设计问题研究的是通过改变网络的实际拓扑，也就是增加或移除路段来设计最佳的运输供应。受到计算能力的限制，离散网络设计问题中备选的增加或移除路段的集合往往被限制在一个较小的集合。

网络设计问题是如何决策的？网络变化是基于规划者的理性行为，使一个给定网络的效率最大化,这需要根据一些可量化的目标以及其他约束条件来操作。但是,各种因素作用于现实中,目标可能模糊,决策可能带有不确定性。Curry[27]证实尽管每一个局部决策从特定的角度来看可能是最佳的,但是结果作为一个整体似乎是随机的。从运输经济学的观点来看,Zhang 和 Levinson[28]从网络设计问题的角度简化了网络增长问题,模型中忽略了考虑最优投资规则和序列决策的相互依赖关系;Bertolini[29]利用随机的思想考虑了城市交通演化未来发展的不确定性,并利用阿姆斯特丹等地区的数据加以验证。

三、实证分析

近年来,由于历史地理数据不断充足、数据处理技术不断发展,使得大规模的统计分析变为现实,相关研究主要集中在地区的人口和社会特性以及交通基础设施条件、交通供给(基础设施是否建设,服务频率和通行能力的变化等)和其他特性等。

在过去,虽然统计分析被广泛用于区域科学和交通研究中,但在交通运输网络增长研究的应用中非常受限,这主要是由于历史数据的匮乏。直到最近 10 年,随着人们获得足够的可用性数据和数据处理能力的提高,地理信息系统(GIS)、时间序列分析方法被广泛应用于交通供给网络时间特征研究中。运输供给(网络)和需求(人口分布)之间的关系已作为一个双向的过程被广泛研究。早期 Gaudry[30]和 Alperovich 等[31]利用模拟方程研究了公交需求和供给的相互因果关系;Peng 等[32]推广了他们的研究,研究了一条公交线路公交客流量模型,他们使用俄勒冈交通运输服务区三级的数据来估计模型,研究结果表明,交通需求与供给之间同时存在过去客流量和当前需求的影响,特别是服务供给。另一方面,Taylor 和 Miller[33]用两阶段最小回归方法研究交通需求和供给的同时性;Cervero 和 Hansen[34]利用联立方程系统去估计车辆行程和车道里程,认为它们之间的关系是双向的,相似的关系体现在交通需求和基础设施供给的变化中;Mohamed[35]建立了公共交通道路网络演化的预测模型;Levinson[36]研究伦敦人口密度和铁路网络之间变化的相互因果关系,用从 1894 年到 2001 年伦敦 33 个区的固定样本数据进行验证,模型利用样本校正标准误差程序来估计,结果显示伦敦人口和地铁网络空间是共同发展的;Levinson 和 Chen[37]利用马尔科夫链模型分析了明尼阿波利斯地区 1958—1990 年交通和土地利用的空间相互演化关系,利用一个转移矩阵记录了交通和土地利用之间的关系,同时该矩阵也被用来预测未来交通和土地利用演化情况。

另外,Mohammed 等[38]将土地利用作为外生的变量,模拟了公交供给的时间变化特征,他们尝试模拟 15 年来密西沙加、多伦多城市公交网络的变化情况,利用多元回归方程和联立方程模型将公交车发车频率和人口统计、社会经济和特定路径变量关联起来。在随后的研究中,进一步引进人工智能去解释公交部门的行为和模拟公交路线的增长[39]。在微观层面上,Levinson 和 Karamalaputi[40-41]基于当前网络条件、交通需求、人口特征、项目成本和预算约束,分别开展了网络扩张和新建网络两个平行的研究,利用二元 Logit 模型将每条路段扩张和新建的历史以及路段 AADT(年平均日交通量)关联起来;Levinson 和 Chen[42]提出了一个高速公路增长的区域模型,通过双城地区 1958—1990 年的高质量 GIS 数据,利用二元 Logit 模型来估计有分隔带的高速公路和二级高速公路的新路径增长概率;储金龙[43]结合 GIS 数据,提出了一系列指标体系,并实证研究了合肥市城市形态的变迁。

实证模型另一个分支专注于在公共网络特性上的交通网络发展和变化,以及与其影响因素之间的相关性。例如,Blumenfeld-Lieberthal[44]衡量了德国、意大利、波兰、英国和美国的现代航空和铁路网的集中度,将网络的连通性和经济增长以及国内生产总值(GDP)联系起来;Erath 等[45]利用拓扑结构、集中性和局部效率等度量指标研究了瑞士公路和铁路网在 1950—2000 年的发展情况,结果显示高速公路网络已变得不那么树状;EL-Geneidy 等[46]检验了蒙特利尔地下步行网络的历史增长,并计算了零售空间水平变化情况,研究表明零售和公交的使用对地下城的发展有很大的影响;Atack 和 Margo[47]研究了美国中西部地区 1850—1860 年铁路网络的使用对农业改进的影响,将基于 GIS 的交通数据库连接到县级人口普查数据,估计了至少有 1/4 的新增可耕种土地可以直接连接到去往中西部的铁路上。

四、交通经济学

网络增长经济学已经验证了一系列网络的形成和发展规律,特别是从不同角度(如运输经济学、城市经济学、公共经济学、政府决策、网络效应、路径相关等)给出了交通网络的增长预测。

另一方面,实证研究中利用计量经济学的方法检验大规模交通网络的金融投资,这些研究主要关注交通系统性能之间的关系、经济和人口特性、不同层次的投资分配情况[48-50]。一些学者利用微分方程动力学的方法研究了城市的空间演化模式,例如,Henderson 和 Venables[51]综合城市的住房、基础设施和投资等因素,给出了一个城市空间的微分方程动力学预测模型。

在城市经济领域,有一部分内容是把交通作为一个决定因素来研究城市的空间演化。Von Thünen[52]给出了一个被农业用地包围的非中心城市模型并且预测了相互竞争的社会经济群体的租金和土地利用分布情况;Christaller[53]引入了中心区位理论,指出对于平原地区中心区域的分层结构可以服务周围的市场并且可以最小化交通成本;Rossi-Hansberg和 Wright[54]结合经济因素研究了城市的空间分布结构,指出城市的分布满足幂律特性。

另外,国内学者也做了相应的研究,李泳[55]研究了土地利用结构和城市交通系统的内涵,以及其相互之间循环的作用与反馈关系;曲大义等[56]通过对城市交通与城市土地开发利用之间相互制约和相互影响关系的深入剖析,论述了城市可持续发展的原理;邓毛颖和谢理[57]研究了城市交通对城市土地利用的影响;陆大道[58]在“中心地理论”基础上建立了“点·轴系统”理论,来分析城市空间结构和网络结构的演化机理;张明等[59]基于土地利用整合和美国交通的实践,对中国的城市规划实践提出了建设意见;黄建中[60]认为城市土地与交通系统复杂的相互关系表现在城市规划与建设的战略、控制和实施等多个层面上,并从宏观、中观和微观三个层面,分别就城市用地的布局结构、控制引导和开发设计等方面与城市客运交通系统之间的相互关系和作用机制进行了系统的分析研究;王春才和赵坚[61]从土地利用和城市交通的不同属性以及城市交通外部性特征这一新的视角入手,运用相关经济理论,深入分析了影响土地利用和城市交通协调发展的因素,发现土地利用和城市交通协调发展除受规划等因素的影响外,还明显受交通外部性及两者不同经济属性的影响。

除此之外,Song 等[62]建立了城市的人口移动动力学模型,并研究其稳定性,从而可以预测城市的人口分布特性;谷凯[63]在强调以政治经济学为基础的"城市化过程"理论的体系内,建立了以"形态分析"与"环境行为研究"作为主要的城市形态的分析方法,这一研究方法综合了政治、经济和环境的因素,从而使城市的形态研究更加合理和客观;丁成日[64]通过引进一般住房生产函数,推导出土地价格及资本密度(即建筑高度)的空间变化规律,通过对城市经济模型进一步分析(对极值条件或解的微分解析分析),得出了地价(地租)、资本密度(或称容积率)、人口密度的空间分布规律;Krugman[65]研究了城市空间的自组织现象,指出大城市内相互联系的区域之间的商业决定能够产生多中心城市模式。

通过这些理论的研究,一系列土地利用—交通实证模型被提出,在考虑交通因素的前提下来预测土地利用增长。其中劳瑞模型是最先获得实质性利益的模型之一[66]。从 20 世纪 80 年代,许多土地利用的集成模型被用在真实的城市规划方面,有一些模型被封装成商业软件包,例如 START[67]、LILT[68-70]和 URBANSIM[71];另外,Timmermans[72]和 Iacono 等[73]对这些集成的土地利用—交通模型进行了深入的总结和回顾。作为城市增长的理论和实证研究[74-78],城市空间的动态性体现在居民、开发者和企业主通过区域可达性确定的位置选择。

从政府决策方面,自由经济和各级政府的决策长期影响着交通模式的发展[79]。所有者的组织形式随着时间的变化影响着交通网络的形成,特别是有关金融联邦制[80-81]方面的大量文献验证了政府提供的一般公共设施(包括道路和其他交通设施)这个传统问题。这些研究的一个方面集中在公共设施服务集中和分散的离散选择方面[82]。一般来说,单一制政府由于交通网络的金融、投资、维护和操作等原因会选择公共设施集中化服务,相反对于一些自治地区来说,由于网络花费是独立的,会导致公共设施离散化服务。

从网络效应方面,Economides[83]提供了一种研究网络产业集体财产的方法,称为网络外部性或者网络效应。Shapiro 和 Varian[84]提出了一个简单的供需模型来研究网络的外部性,模型预测了在网络效应下的网络典型增长过程。对于交通网络来说,当一个新的区域或者设施连接到交通网络上,已经在网络上的其他地区居民和商业会从这个新的连接中获得好处,因为他们可以参与更多的社会活动。通过对交通网络历史的研究,交通网络的网络效应得以证明,Nakicenovic[85]通过绘制交通系统的大量曲线发现,S 曲线能够很好地拟合实际的交通网络。例如,美国高速公路网络从 1860 年到 1920 年增长比较缓慢,之后呈指数增长,在 20 世纪后期增长又变缓慢,这些结果和 Shapiro 和 Varian[84]的网络增长模型是一致的,同时也满足网络效应。在历史案例中,Bogart[86]解释了网络外部性在英国工业革命早期如何影响道路、水运和码头增长的,最终发现了网络负效应。网络负效应往往是因为供应者的分散化和过度竞争导致的,Casson[87]通过研究 1825—1914 年英国铁路网络的演化,指出由于城市之间的竞争投资过剩从而导致大量重复线路的产生。

从路径相关方面,一个系统当前条件对其初始条件有非常灵敏的依赖,这被称为路径相关性。Liebowitz 和 Margolis[88]指出信息不完善的地方,一定形式的路径相关性可能会锁定市场实效,交通发展是一个连续的过程,显然它并不遵循社会优化设计,由于信息不完整[28-29],当局部或个体作出最优的决策时,如何以及在多大程度上影响网络增长,这个问题对学者来说仍然不是很清楚。

联盟的形成,组织的形成以及如何组织开展政治、经济、社会活动,都受到集中博弈论研究的影响[89]。Jackson 和 Wolinsky[90]作出了开创性的研究,他们利用一个新的不断增长的网络(或图)来模拟个体之间联系的形成;Marini[91]给出了在经济应用方面联盟和网络形成理论的最近研究综述。这些在经济理论上的进步为网络增长的研究带来了新的曙光。另外,交通的发展不能忽略独立的司法管辖区和(或)在地方、区域和国家的水平提供了交通基础设施的私营企业的相互作用。以美国印第安纳州都市间的网络为例,网络需要超过 20 家私营企业修建和运营[92]。另一个例子,弗吉尼亚州 267 号公路由三个部分(杜勒斯收费公路和杜勒斯园林路两条收费公路,以及去往杜勒斯机场的免费公路)组成,是由弗吉尼亚交通局、收费公路投资者Ⅱ和华盛顿大都会机场管理局分别运营。管辖权或工业提供者和运营商如何联合开发一个交通网络也是值得进行学术研究。

五、网络科学

20 世纪 90 年代以后出现了“新网络科学”,引入了偏好机制和自组织的概念,利用基于个体的仿真模拟方法对交通网络的演化进行建模,其指出出行者、供给者和监管者的个体行为共同影响着交通网络的发展。

一般来说,网络科学家模拟交通网络的动态性能从而能够尝试提取或生成最优的网络结构。例如,Schweitzer[93]通过在最小化出行路径与最小化道路建设和维护成本博弈的优化过程之中研究路网演化;Gastner 和 Newman[94]提出了使交通网络修建和维护成本极小化的优化模型,优化网络结构用一个成本函数的参数变化来仿真有或没有空间限制的定性网络;Barthélemy 和 Flammini[95]提出了一个考虑优化原则的交通网络优化模型,优化网络的拓扑结构是一个生成树,通过改变模型参数,可以获得不同种类的树;Adamatzky 和 Jones[96]认识到道路规划和疟原虫行为之间的相似性,利用原生质网络去生成营养源分布,从“疟原虫的观点”研究了英国十大最密集城市地区之间最优的交通路段布局,模拟结果表明,殖民疟原虫形成的原生质网络同构于主干高速公路网络。在另一个努力研究生物自适应网络设计的启发下,Tero等[97]显示黏菌多头绒泡菌的形成可类比于东京铁路系统的形成;Itami[98]和 Xie[99]利用元胞自动机理论来仿真模拟城市的空间演化过程;喻定权等[100]利用元胞自动机的原理,设计了城市规划元胞自动机模型,并对长沙市的城市空间形态演化进行了模拟和预测,取得了较好的模拟预测效果;Li[101]利用物理扩散过程综合城市的人口动力学和经济学的相关内容,仿真模拟了城市的空间演化;Bengguigui 和 Blumenfeld-Lieberthal[102-103]模拟给出了一个城市系统的增长模型,并指出城市的人口空间分布满足幂律定律;Black[104]指出了网络的演化可以抽象成一个空间扩散过程,并给出了一个扩散导向的网络演化模型。

自从 1990 年以来,人们对复杂网络结构科学研究的兴趣被各种各样的无标度网络(例如万维网、代谢网络、引用网络)幂律分布的观测所引起。Newman[105]利用物理学和生物学中网络演化的思想,通过实验指出网络具有聚类和幂律度分布特性;Newman[106]给出了一个复杂网络全面的文献综述;Barabási[107]撰写了一本关于网络科学新发现的书,他推广了这些发现中的新的网络科学。

地面交通网络吸引了物理学界的关注,但是,他们意识到某些网络展现出的拓扑属性明显不同于典型的无标度网络,著名的例子是带较强地理限制的网络,例如电网和地面交通网络。

Csányi 和 Szendröi[108]证实了在带指数增长的小世界网络和幂律分布的分形网络之间有明显的二分法,后者典型的例子是带较强地理限制的网络;Gastner 和 Newman[94]揭示了地理网络结构是不同于非地理网络结构的,并提供了两类网络之间的联系,它们都可以由同一个优化模型与一个参数变化产生。特别地,De Montis 等[109]研究了意大利撒丁岛地区都市间的通勤网络,揭示了交通结构统计性质、复杂特征和低层拓扑结构的关系;Jiang 和 Claramunt[110]、Jiang[111-112]在分析遍布于北美洲和欧洲的城市街道网络的交叉口(其中街道被表示成点,街道交叉口被表示成路段)时,发现城市街道网络的无标度特性表现为滞后幂律特性和连通性的分布特征;Derrible 和 Kennedy[113]通过观察世界 33 个地铁系统,发现多数地铁系统是无标度和小世界网络,但它们随着规模的增加显示出非典型的行为;Barthélemy[114]回顾了最近大部分空间网络的实证观察和先进模型,研究了空间限制如何影响这些网络的结构和性质。

在探索无标度网络如何出现和演变问题中,Barabási 和 Albert[115]观察到当新的节点进入一个无标度网络时,它们以较大的概率连接到标度高的节点,这个过程称为"偏好连接",这已经被深入研究并用来解释复杂网络的动态性[107,116-117]。这种偏好连接由于地理限制不能完美应用于交通网络,但它提供了一些交通网络研究思路。首先,偏好连接能够解释在较少限制的交通网络中(例如航空网络和班轮运输网络)中心辐射型系统的出现;第二,当独立的节点连接到一个网络时,它们倾向于连接到已经建立并且更加重要的节点上,虽然在无标度网络中节点的重要性并不一定与连接到它的数量有关;第三,交通网络中出现的大规模秩序和组织是基于独立决策的,这已经在另一个新兴的科学领域中被广泛研究,即自组织。

在许多复杂系统中都存在着自组织现象,基于复杂系统中独立智能体的简单行为[116],可以自发演化成大规模的秩序。自从 20 世纪 90 年代以来,自组织的概念就被引进并用来解释各种复杂网络的演化,范围从互联网和社会网络到使用模拟方法的生物网络,这些研究的一个分支是模拟城市形态和模式的形成过程[117-119]。近年来,基于智能体的模拟方法被应用到解释交通网络的动态特性方面。Pochy[120]和 Lam[121]提出了一个自主出行者模型来描述景观的动态特性,其中出行者被看作智能体在景观上移动,根据一些规则改变景观并且在每个时间步更新景观;Helbing 等[122]采用了自主出行者模型来模拟在城市绿色空间中由行人运动形成的轨迹,在这个过程中,开始阶段行人直接走到在同质地形中的各自地点,最终常用的轨迹得到加强(因为它们更多被行人选择),而较少用的轨迹将被减弱,直至最后销毁;Newman[123]利用物理学和生物学中网络演化的思想,通过实验指出网络具有聚类和幂律度分布特性;Yamins[124]等提出了一个可以模拟产生带状和星射状城市道路网络的模型;Barrat[125]等研究了加权网络的结构增长特性,并考虑了网络的随机性和非线性的特性;Zhang 和 Levinson[126]研究了现实世界拥挤网络的增长,即带自治路段的双子城网络,基于 1978 年网络拓扑结构,模拟实验可以来预测 20 年后路网的扩张,并把预测的 1998 网络和现实的 1998 年网络进行了比较。

在网络复杂特性研究的基础上,有些学者研究了网络的道路分层结构。例如,Trusina 等[127]利用度分布的特性给出了复杂网络的分层结构;Yerra 和 Levinson[128]在给定的网络结构和土地利用下,给出了交通道路网络的道路分级结构;Li 等[129]利用数值结构指出交通道路网络的确具有分层结构,并用 n 阶度分布和 n 阶聚类系数进行了分层结构分析;Levinson 和

Yerra[130]在考虑花费、收入和投资结合出行需求模型的基础上，提出了土地利用对道路网络演化模型，给出了在土地利用的三种模式（平均分布、随机分布和代行分布）下道路网络的自组织特性；Levison 等[131]研究了土地利用和道路网络的互演化关系，指出一方面道路的演化受到城市空间结构的影响，另一方面城市的空间结构发展也会受到城市交通道路网络分布的影响。

基于局部最优的原理，Barthélemy 和 Flammini[132-133]利用叶子模型给出了一个城市道路网络演化的模型，模型能够再现城市道路网络中的大多数重要特性；Blumenfeld-Lieberthal[44]把交通道路网络作为复杂网络，研究了不同国家的交通道路网络的特性，并指出网络特性间接地体现了国家的经济发展水平。

第三节 主要研究内容

城市道路网络与城市空间人口分布总是相互影响、相互促进。一方面，城市道路网络的发展对城市空间人口分布的格局具有引导作用；另一方面，城市空间人口分布又是城市道路网络建设的基础，城市空间人口分布的演化促进城市道路网络的建设。本书的主要研究内容是城市道路网络与城市空间人口分布的相互作用关系和规律，目的是探索城市空间人口分布和城市交通道路网络相互作用的内在机制，从而揭示两者之间相互作用、相互促进的演化规律。

首先，本书就研究的目的和方法做了一些简单的介绍。其次，就书中涉及的概念和理论基础进行了阐述。第三，从城市空间人口分布特性研究出发，通过引入人口迁移的偏好和随机探索机制，构建了城市空间人口分布演化模型，通过数值模拟实验揭示了城市空间人口时空分布的演化规律，为后面研究城市交通道路网络时空复杂性做支撑。第四，本书在前面人口分布演化规律研究基础上，通过引入相对邻域图和费马（Fermat-Webber）选址问题作为交通道路网络连接机制，建立了基于人口分布的城市路网演化模型，通过数值模拟实验并借助于复杂网络中度分布、介数、覆盖度等度量指标对路网演化的结构特性进行分析。第五，基于前面的人口分布研究，通过考虑在有限的投资下使交通设施承载力最大化，建立了城市交通道路网络演化模型。第六，从城市人口分布和城市路网结构的时空演化角度出发，详细分析道路网络与城市人口分布演化之间的作用机理及互动关系，在考虑经济因素的情况下，构建了城市人口分布和路网结构的互演化模型。最后，通过选取北京市五环路以内的道路网络进行实证分析，研究和验证城市路网与城市人口分布演化的相互作用机制和演化规律。

本书涉及的具体研究内容包括以下方面。

1. 基于城市空间的人口分布演化动力学模型

通过对影响城市人口分布因素的分析，在综合考虑交通小区人口的承载力、最大迁移距离、迁移率等基础上,通过引入人口迁移的偏好和随机探索机制,建立了城市人口分布演化模型,并通过数值模拟研究了城市人口时空分布的演化规律,为后面研究城市道路网时空复杂性做支撑。

2. 基于人口分布的城市路网结构演化特性研究

基于前面的研究结果,通过分析人口分布对路网结构的影响,并引入相对邻域图和费马(Fermat-Webber)选址问题作为路网的连接机制,建立了城市道路网络的演化模型,进一步通过数值模拟并基于复杂网络中度分布、介数、覆盖度、环性和树性等度量指标对路网演化的结构特性进行分析。

3. 考虑投资和交通设施承载力的城市路网结构演化特性研究

城市交通道路网络系统是一个复杂的系统,除了受到城市人口分布的影响外,还受到其他经济因素的影响,例如中心区域、投资、收入等。本部分在前面城市人口分布演化特性研究的基础上,通过考虑投资和交通设施承载力的影响,建立了城市交通道路网络演化模型。

4. 人口分布和城市路网结构的互演化特性研究

从城市人口分布和路网结构的时空互演化角度出发,详细分析道路网络与城市人口分布演化之间的作用机理及互动关系,在考虑经济因素的情况下,建立城市人口分布和路网结构的互演化模型,从而揭示它们之间相互作用、相互促进的演变规律。进一步通过引入度分布、介数、覆盖度、环性和树性等度量手段对网络演化的结构特性进行分析。

5. 实证分析

基于前面的研究结论,本部分通过选取北京市作为实证分析对象,利用前面的连路机制,并将北京市 1969 年交通道路网络作为基础路网,模拟出北京市 1978 年、1990 年、2000 年以及 2008 年五环路以内的道路网络结构,并通过度分布、介数、覆盖度、环性和树性等度量指标与对应年代的实际路网做比较。

本书主要目的是挖掘城市交通道路网络结构的关键影响因素,详细分析城市道路网络结构和城市人口分布之间的相互关系,研究城市人口分布与交通道路网络之间的作用机理及互动关系,探讨它们之间的协调演化,最后对网络演化的结构特性进行定量分析。通过研究,寻求在现有城市人口分布的条件下完善城市交通道路网络结构,提出相关的理论和方法,为城市规划和管理提供依据。基于上述研究内容,本书的技术路线如图 1-2 所示。

绪论
本书背景及意义
国内外研究现状
研究内容、目的及方法
基础理论
城市路网形态与演化要素
城市路网结构度量指标
相对领域图与费马选址问题
模型建立
算法构造
模拟结果分析
基于城市空间人口分布演化动力学模型
基本假设
人口分布动力学模型建立
基于城市空间的人口分布演化算法研究
承载力对城市人口分布的影响
最大迁移距离对人口分布的影响
迁移率对人口分布的影响
随机迁移参数对人口分布的影响
人口分布随迭代步数的变化
基于人口分布的城市路网结构演化特性研究
基本假设
人口分布下的路网演化模型构造
人口分布下的路网演化算法研究
人口驱动的路网模拟结果
度分布模拟结果分析
介数模拟结果分析
环性和树性模拟结果分析
覆盖度模拟结果分析
考虑投资和交通设施承载力城市路网结构演化特性研究
基本假设
投资和交通设施承载力的路网演化模型构造
投资和承载力下的城市路网演化算法研究
路网结构演化结果分析
度分布模拟结果分析
介数模拟结果分析
环性和树性模拟结果分析
覆盖度模拟结果分析
交通设施承载力模拟结果分析
人口分布与城市路网结构互演化特性研究
基本假设
人口分布与路网结构互演化模型建立
人口分布与城市路网结构互演化算法研究
路网结构演化结果分析
度分布模拟结果分析
介数模拟结果分析
环性和树性模拟结果分析
覆盖度模拟结果分析
路网承载力模拟结果分析
实证分析
数据收集
参数拟合
模拟路网和真实路网度量指标比较分析
结论与建议

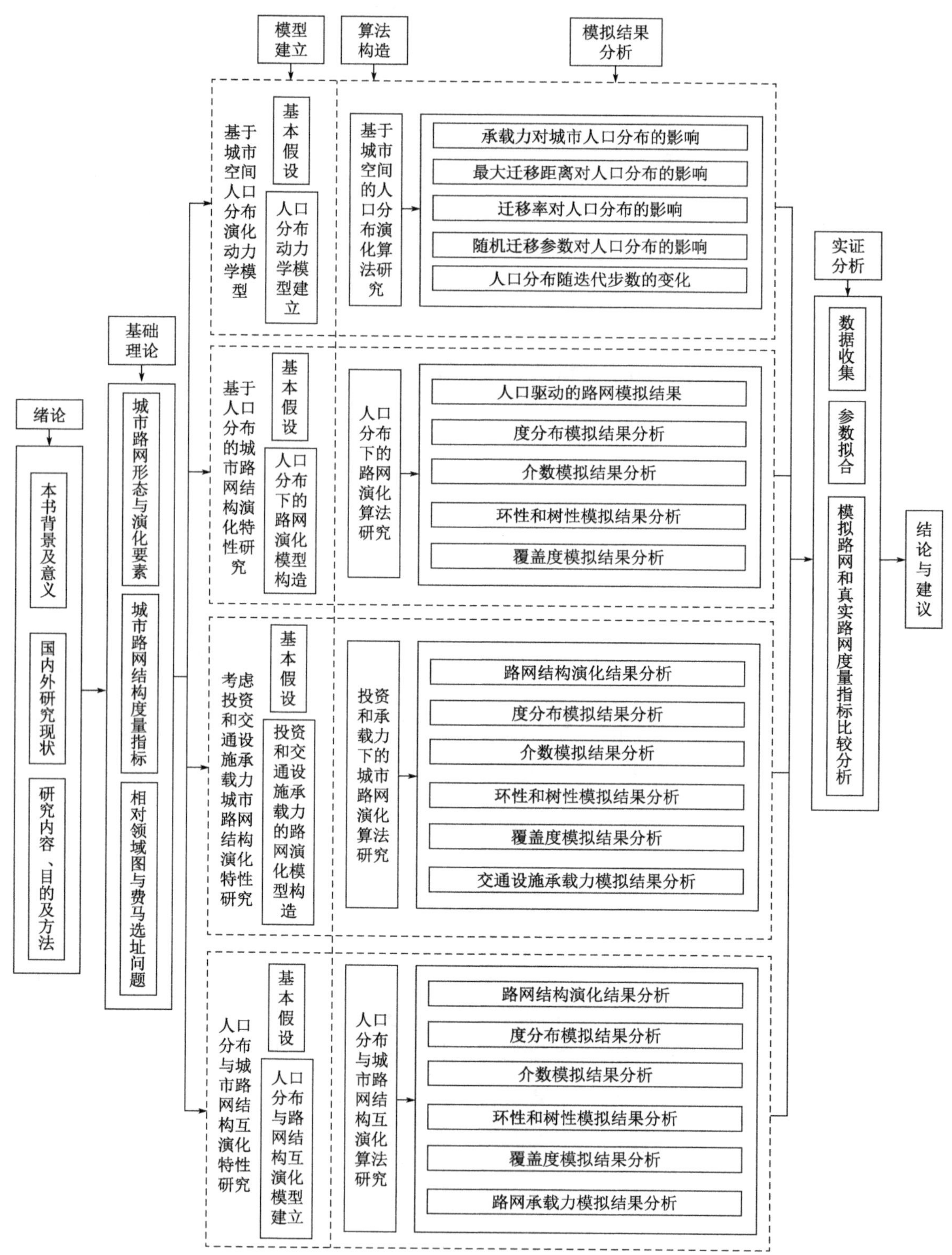

图 1-2 技术路线图

本章参考文献

[1] 王春才. 城市交通与城市空间演化相互作用机制研究[D]. 北京:北京交通大学,2007.

[2] 杨洪泉. 路网是怎样织成的[J]. 地图, 2008, 5: 48-55.

[3] 高自友, 龙建成, 李新刚. 城市交通拥堵传播规律与消散控制策略研究[J]. 上海理工大学学报, 2011, 33(6):701-708.

[4] 吴建军, 高自友, 孙会君, 等. 城市交通系统复杂性:复杂网络方法及其应用[M]. 北京: 科学出版社, 2010.

[5] GARRISON W L, MARBLE D F. The Structure of Transportation Networks[M]. Ft. Belvoir Defense Technical Information Center, Evanston, IL. 1962.

[6] LOWE J C., MORYADAS S. The Geography of Movement[J]. Annals of the Association of American Geographers, 1975, 65(4): 578-579.

[7] HAGGETT P, CHORLEY J C. Network Analysis in Geography[M]. London, U. K: Edward Arnold, 1969.

[8] TAAFFE E J, MORRILL R L, GOULD P R. Transportation Expansion in Underdeveloped Countries: a Comparative Analysis[J]. Geographical Review, 1963, 53(4): 503-529.

[9] PRED A R. The Spatial Dynamics of U. S. Urban-Industrial Growth, 1900-1914: interpretive and theoretical essays[M]. Cambridge: The MIT Press, 1966.

[10] RIMMER P. The Changing Status of New Zealand Seaports 1853-1960[J]. Annals of the Association of American Geographers, 1967, 57(1): 88-100.

[11] LACHENE R. Networks and the Location of Economic Activities[J]. Paper in Regional Science, 1965, 14(1): 183-196.

[12] GARRISON W L. Connectivity of the Interstate Highway System[J]. Paper in Regional Science, 1960, 6(1): 121-137.

[13] MORRILL R L. Migration and the Growth of Urban Settlement[J]. Lund Studies in Geography, Series B, Human Geography, 1965, 26: 65-82.

[14] KANSKY K J. Structure of Transportation Networks: Relationships between Network Geometry and Regional Characteristic[D]. Chicago: The University of Chicago, Department of Geography, 1963.

[15] KOLARS J, MALIN H J. Population and Accessibility: An Analysis of Turkish Railroads[J]. The Geographical Review, 1970, 60(2): 229-246.

[16] BLACK W R. An Iterative Model for Generating Transportation Networks[J]. Geographical Analysis, 1971, 3(3): 283-288.

[17] BOYCE D. An Account of a Road Network Design Method: Expressway Spacing, System Configuration and Economic Evaluation[C]. Infrastructure Problems under Population Decline. Berlin: Berliner Wissenschafts-Verlag, 2007: 1-30.

[18] SHEFFI Y. Transportation Network: Equilibrium analysis with mathematical programming methods[M]. Prentice-Hall, Incorporated, Englewood Cliffs, NJ, 1985.

[19] ORTÚZAR J D, WILLUMSEN L G. Modeling Transport[M]. JohnWiley and Sons, LTD, 2001.

[20] NEWELL G F. Traffic Flow on Transportation Networks[M]. Cambridge: MIT Press, 1980.

[21] VAUGHAN R. Urban Spatial Traffic Patterns[M]. London: Pion Ltd, 1987.

[22] EWING R. Sketch Planning a Street Network[J]. Transportation Research Record, 2000, 1722: 75-79.

[23] VITINS B J, AXHAUSEN K W. Patterns and Grammars for Transport Network Generation[C]. 10th Swiss

Transport Research Conference, 2010.

[24] YANG H, BELL M G H. Models and algorithms for road network design: a review and some new developments [J]. Transportation Reviews, 1998, 18(3): 257-278.

[25] LUO Z Q., PANG J S, RALPH D. Mathematical programs with Equilibrium Constraints[M]. Cambridge: Cambridge University Press, 1996.

[26] 孙华. 基于鲁棒优化的城市交通网络设计模型与算法研究[D]. 北京:北京交通大学,2014.

[27] CURRY, L. The Random Spatial Economy: An Exploration in Settlement Theory [J]. Annual of the Association of American Geographers, 1964, 54(1): 138-146.

[28] ZHANG L, LEVINSON D M. The Economics of Transportation Network Growth[A]. Millán, C. P., Inglada, V. Essays on Transportation Economics[C]. Springer, 2007, 317-339.

[29] BERTOLINI L. Evolutionary Urban Transportation Planning: An Exploration[J]. Environment and Planning A, 2007, 39(8): 1998-2019.

[30] GAUDRY M. An Aggregate Time-series Analysis of Urban Transit Demand: the Montreal Case [J]. Transportation Research, 1975, 9(4): 249-258.

[31] ALPEROVICH G, KEMP M A, GOODMAN K M. An Econometric Model of Bus Transit Demand and Supply [R]. The Urban Institute Working Paper No. 5032-1-4, Washington, D. C. 1977.

[32] PENG Z R, DUEKER K J, STRATHMAN J, et al. A Simultaneous Route-level Transit Patronage Model: Demand, Supply, and Inter-route Relationship[J]. Transportation, 24(2): 159-181.

[33] TAYLOR B D., MILLER D, ISEKI H, et al. Analyzing the Determinants of Transit Ridership Using a Two-Stage Least Squares Regression on a National Sample of Urbanized Areas [R]. University of California Transportation Center Working Papers, 2003.

[34] CERVERO R, HANSEN M. Induced Travel Demand and Induced Road Investment: A Simultaneous Equation Analysis[J]. Journal of Transport Economics and Policy, 2002, 6(3): 469-490.

[35] MOHAMED A. Forecasting Transit Network Evolution[D]. PhD thesis, University of Toronto, 2007.

[36] LEVINSON D M. Density and Dispersion: The Co-Development of Land Use and Rail in London[J]. Journal of Economics Geography, 2008, 8(1): 55-77.

[37] LEVINSON D M, CHEN W. Paving New Ground: A Markov Chain Model of the Change in Transportation Networks and Land Use [A]. Levinson, D. M., Krizek, K. J. Access to Destinations [C]. Elsevier Publishers, 2005, 243-246.

[38] MOHAMMED A, SHALABY A S, MILLE E J. Empirical Analysis of Transit Network Evolution: Case Study of Mississauga, Ontario, Canada, Bus Network [J]. Transportation Research Record, 2006, 1971 (1): 51-58.

[39] MOHAMMED A, SHALABY A S, MILLE, E. J. Modeling the Supply of Public Transit: Using Artificial Intelligence to Model the Evolution of the Bus Transit Network[R]. 2006.

[40] LEVINSON D M, KARAMALAPUTI R. Induced Supply: A Model of Highway Network Expansion at the Microscopic Level[J]. Journal of Transport Economics and Policy, 2003, 37(3): 297-318.

[41] LEVINSON D M, KARAMALAPUTI R. Predicting the Construction of New Highway Links[J]. Journal of Transportation and Statistics, 2003, 6(2/3): 81-89.

[42] LEVINSON D M, CHEN W. Area-Based Models of Highway Growth[J]. ASCE Journal of Urban Planning and Development, 2007, 133(4): 250-254.

[43] 储金龙. 城市空间形态定量分析研究[M]. 南京:东南大学出版社, 2007.

[44] BLUMENFELD-LIEBERTHAL, E. The Topology of Transportation Networks: A Comparison between Different

Economies. Networks and Spatial Economics[J]. 2009, 9(3): 427-458.

[45] ERATH A, LÖCHL M, AXHAUSEN K W. Graph-theoretical Analysis of the Swiss Road Network over Time [J]. Networks and Spatial Economics, 2009, 9(3): 379-400.

[46] EL-GENEIDY A M, KASTELBERGER L, ABDELHAMID H T. Montréal's Roots: Exploring the Growth of Montréal's Indoor City[J]. Journal of Transportation and Land Use, 2011, 4(2):33-46.

[47] ATACK J, MARGO R. The Impact of Access to Rail Transportation on Agricultural Improvement: The American Midwest as a Test Case, 1850-1860[J]. Journal of Transportation and Land Use, 2011, 4(2): 5-18.

[48] HUMPLICK F, MOINI-ARAGHI A. Decentralized Structures for Providing Roads: A Cross-Country Comparison [A]. Policy Research Working Paper[C]. Washington DC,The World Bank, Policy Research Department, 1996, 1658: 1-40.

[49] HUMPLICK F, MOINI-ARAGHI A. Is There an Optimal Structure for Decentralized Provision of Roads [A]. Policy Research Working Paper[C]. Washington DC, The World Bank, Policy Research Department, 1996, 1657:1-48.

[50] LEVINSON D M, YERRA B. Highway Costs and the Efficient Mix of State and Local Funds [J]. Transportation Research Record, 2002, 1812: 27-36.

[51] HENDERSON J V, VENABLES A J. The dynamics of City Formation[J]. Review of Economic Dynamics, 2009: 12(2): 233-254.

[52] VON THÜNEN J H. Isolated State[M]. Jena: Gustav Fischer Verlag, 1910.

[53] CHRISTALLER W. Central Places in Southern Germany[M]. Gustav Fischer Verlag, 1933.

[54] ROSSI-HANSBERG E, WRIGHT M L J. Urban Structure and Growth[J]. Review of Economic Studies, 2006, 74(2): 597-624.

[55] 李泳. 城市交通系统与土地利用结构关系研究. 热带地理[J]. 1998, 18(4): 307-310.

[56] 曲大义, 王炜, 王殿海. 城市土地利用与交通规划系统分析[J]. 城市规划汇刊, 1999, 6: 44-45.

[57] 邓毛颖, 谢理. 城市土地开发中引进交通影响分析的探讨[J]. 地域研究与开发, 2000, 19(2): 47-50.

[58] 陆大道. 关于"点—轴"空间结构系统的形成机理分析[J]. 地理科学, 2002, 22(1): 1-6.

[59] 张明, 丁成日, Cervero, R. 土地使用与交通的整合: 新城市主义和理性增长[J]. 城市发展研究, 2005, 12(4): 46-52.

[60] 黄建中. 特大城市用地发展与客运交通模式[M]. 北京: 中国建筑工业出版社, 2006.

[61] 王春才, 赵坚. 促进城市交通与土地利用协调发展的对策[J]. 综合运输, 2006, 12: 38-42.

[62] SONG C M, KOREN T, WANG P, et al. Modeling the Scaling Properties of Human Mobility[J]. Nature Physics, 2010, 6(10): 818-823.

[63] 谷凯. 城市形态的理论与方法: 探索全面与理性的研究框架[J]. 城市规划, 2001, 12: 36-41.

[64] 丁成日. 城市空间结构理论——单中心城市静态模型[J]. 城市发展研究, 2006, 13(4): 121-126.

[65] KRUGMAN P R. The Self-Organizing Economy[M]. Blackwell Publishers, 1996.

[66] LOWRY I S. Location Parameters in the Pittsburgh Model[J]. Papers in Regional Science, 1963, 11(1): 145-165.

[67] BATES J, BREWER M, HANSON P, et al. Building a Strategic Model for Edinburgh[C]. Proceedings of Seminar D, PTRC 19th Summer Annual Meeting. PTRC, London, 1991.

[68] MACKETT R L. The Leeds Integrated Land-use Transport Model (LILT)[R]. Supplementary Report, 1983.

[69] MACKETT R L. The Systematic Application of the LILT Model to Dortmund, Leeds and Tokyo [J]. Transportation Reviews, 1990, 10(4): 323-338.

[70] MACKETT R L. LILT and MEPLAN: A Comparative Analysis of Land-use and Transport Policies for Leeds [J]. Transportation Reviews, 1991, 11(2): 131-141.

[71] ALBERTI M, WADDELL P. An Integrated Urban Development and Ecological Simulation Model[J]. Integr Assessment, 2000, 1(3):215-227.

[72] TIMMERMANS H J P. The Saga of Integrated Land Use-Transport Modeling: How Many More Dreams Before We Wake Up [C]. Proceeding of 10th International Conference on Travel Behaviour Research, Lucerne, 2003.

[73] IACONO M, LEVINSON D M., EL-GENEIDY A M. Models of Transportation and Land Use Change: A Guide to the Territory[J]. Journal of Planning Literature, 2007, 22(4): 323-340.

[74] HANSEN W G. How Accessibility Shapes Land Use[J]. Journal of the American Institute of Planners, 1959, 25(25): 73-76.

[75] GUTTENBERG A. Urban Structure and Growth[J]. Journal of the American Institute of Planners, 1960, 26 (2): 104-110.

[76] HUFF D. L. A Probabilistic Analysis of Shopping Trade Areas[J]. Land Economics, 1963, 39(1): 81-90.

[77] MURAYAMA Y. The Impact of Railways on Accessibility in the Japanese Urban System[J]. Journal of Transport Geography, 1994, 2(2): 87-100.

[78] AHLFELDT G M., WENDLAND N. Fifty Years of Urban Accessibility: The Impact of Urban Railway Network on the Land Gradient in Industrializing Berlin[J]. Regional Science and Urban Economics, 2011, 41 (2): 77-88.

[79] TAAFFE E J, GAUTHIER H L O, Kelly M. E. Geography of Transportation [M]. London: Prentice Hall, 1995.

[80] OATES W E. Fiscal Federalism[M]. New York: Harcourt Brace Jovanovich, 1972.

[81] BESLEY T, COATE S. Central versus Decentralized Provision of Local Public Goods: A Political Economy Approach [J]. Journal of Public Economics, 2003, 87(12): 2611-2637.

[82] EPPLE D, NECHYBA T. Fiscal Decentralization[A]. Henderson, V., Thisse, J Handbook of Regional and Urban Economics, Volume 4, Cities and Geography[C]. North Holland, Elsevier, 2004, 2423-2480.

[83] ECONOMIDES N. The Economics of Networks[J]. International Journal of Industrial Organization, 1996, 14 (6): 673-699.

[84] SHAPIRO C, VARIAN H R. Information Rules: A Strategic Guide to the Network Econom[M]. Harvard Business School Press, 1998.

[85] NAKICENOVIC N. Dynamics and Replacement of U.S. Transport Infrastructure[A]. Ausubel J. H., Herman R. Cities and Their Vital Systems-Infrastructure, Past, Present and Future[C]. National Academy Press, Washington DC, 1998, 175-221.

[86] BOGART D. Inter-modal Network Externalities and Transport Development: Evidence from Roads, Canals, and Ports during the English Industrial Revolution [J]. Networks and Spatial Economics, 2009, 9 (3): 309-338.

[87] CASSON M. The Efficiency of the Victorian British Railway Network: A Counterfactual Analysis [J]. Networks and Spatial Economics, 2009, 9(3): 339-378.

[88] LIEBOWITZ S J, MARGOLIS S E. Path dependence, Lock-in and History[J]. Journal of Law, Economics, & Organization, 1995, 11(1): 205-226.

[89] DEMANGE G, WOODERS M. Group Formation in Economics: Networks, Clubs and Coalitions [M]. Cambridge University Press, 2005.

[90] JACKSON M, WOLINSKY A. A Strategic Model of Social and Economic Networks[J]. Journal of Economic Theory, 1996, 71(1): 44-74.

[91] MARINI M A. An Overview of Coalition & Network Formation Models for Economic Applications[R]. Working Paper Series in Economics, Mathematics, and Statistics, 2007.

[92] HILTON G W, DUE J F. The Electric Interurban Railways in America[M]. Stanford University Press, Stanford, 1960.

[93] SCHWEITZER F, EBELING F, ROSE H, et al. Optimization of Road Networks Using Evolutionary Strategies [J]. Evolutionary computation, 1997, 5(4): 419-438.

[94] GASTNER M T, NEWMAN M E J. The Spatial Structure of Networks[J]. The European Physical Journal B, 2006, 49(2): 247-252.

[95] BARTHÉLEMY M, FLAMMINI A. Optimal Traffic Networks[J]. Journal of Statistical Mechanics: Theory and Experiment, 2006, 2006: L07002.

[96] ADAMATZKY A, JONES J. Road Planning with Slime Mould: If Physarum Built Motorways It Would Route M6/M74 through Newcastle [J]. International Journal of Bifurcation & Chaos, 2009, 20(10): 3065-3084.

[97] TERO A, TAKAGI S, SAIGUSA T, et al. Rules for Biologically Inspired Adaptive Network Design[J]. Science, 2010, 327(5964): 439-442.

[98] ITAMI R M. Simulation Spatial Dynamics: Cellular Automata Theory[J]. Landscape Urban and Planning, 1994, 30(1-2): 27-47.

[99] XIE Y. A Generalized Model for Cellular Urban Dynamics[J]. Geographical Analysis, 1996, 28(4): 350-373.

[100] 喻定权, 尹长林, 陈群元, 等. 城市空间形态与动态预测系统研究[M]. 长沙:湖南大学出版社, 2008.

[101] LIN L, SATO Y, ZHU H H. Simulating Spatial Urban Expansion based on a Physical process. Landscape and Urban Planning[J]. 2003, 64(1-2): 67-76.

[102] BENGGUIGUI L, BLUMENFELD-LIEBERTHAL E. A Dynamic Model for City Size Distribution beyond Zipf's Law[J]. Physica A: Statistical Mechanics and its Applications, 2007, 384(2): 613-627.

[103] BENGUIGUI L, BLUMENFELD-LIEBERTHAL E. Beyond the Power Law-A New Approach to Analyze City Size Distributions[J]. Computers, Environment and Urban Systems, 2007, 31(6): 648-666.

[104] BLACK W. An Iterative Model for Generating Transportation Networks[J]. Geographical Analysis, 1971, 3 (3): 283-88.

[105] NEWMAN M. Clustering and Preferential Attachment in Growing Networks[J]. Physical Review E, 2001, 64(2): 25102.

[106] NEWMAN M. The Structure and Function of Complex Networks[J]. SIAM Review, 2003, 45(2): 167-256.

[107] BARABÁSI A. Linked: the New Science of Networks[M]. Perseus Publication, 2002.

[108] CSÁNYI G, SZENDROI B. Fractal-small-world Dichotomy in Real-world Networks[J]. Physical Review E, 2004, 70: 016122.

[109] DE MONTIS A, BARTHÉLEMY M, CHESSA A, et al. The Structure of Inter-Urban Traffic: A Weighted Network Analysis[J]. Environment & Planning B Planning & Design, 2007, 34(5): 905-924.

[110] JIANG B, CLARAMUNT C. Topological Analysis of Urban Street Networks[J]. Environment and Planning B, 2004, 31(1): 151-162.

[111] JIANG B. Small World Modelling for Complex Geographic Environments[A]. Portugali, J. Complex Artificial Environments[C]. Springer, 2005, 259-271.

[112] JIANG B. A Topological Pattern of Urban Street Networks: Universality and Peculiarity[J]. Physica A: Statistical Mechanics and its Applications, 2007, 384(2): 647-655.

[113] DERRIBLE S, KENNEDY C. The Complexity and Robustness of Metro Networks[J]. Physica A: Statistical Mechanics and its Applications, 2010, 389(17): 3678-3691.

[114] BARTHÉLEMY M. Spatial Networks[J]. Physics Reports, 2011, 499(1-3): 1-101.

[115] BARABÁSI A L, ALBERT R. Emergence of Scaling in Random Networks[J]. Science, 1999, 286(5439): 509-512.

[116] SCHELLING T C. Micromotives and Macrobehavior[M]. New York, London: W. W. Norton, 1978.

[117] BATTY M, XIE Y. From Cells to Cities[J]. Environment and Planning B: Planning and Design, 1994, 21(7): 31-48.

[118] SAMANIEGO H, MOSES M E. Cities as Organisms: Allometric Scaling of Urban Road Networks[J]. Journal of Transport and Land Use, 2008, 1(1):28-39.

[119] COURTAT T, GLOAGUEN C, DOUADY S. Mathematics and Morphogenesis of the City, A Geometrical Approach[J]. Physical Review E, 2011, 83:036106.

[120] LAM L, POCHY R. Active-walker Models: Growth and Form in Nonequilibrium Systems[J]. Computers in Physics, 1993, 7(5): 534-541.

[121] LAM L. Active Walker Model Walker Models for Complex Systems[J]. Chaos, Solitons and Fractals, 1995, 6: 267-285.

[122] HELBING D, KELTSCH J, MOLNR P. Modeling the Evolution of Human Trail Systems[J]. Nature, 1997, 388, 47-50.

[123] NEWMAN M. Clustering and Preferential Attachment in Growing Networks[J]. Physical Review E, 2001, 64: 25102.

[124] YAMINS D, RASMUSSEN S, FOGEL D. Growing Urban Networks[J]. Networks and Spatial Economics, 2003, 3(1): 69-85.

[125] BARRAT A, BARTHÉLEMY M, VESPIGNANI A. Modeling the Evolution of Weighted Networks[J]. Physical Review E, 2004, 70: 66-149.

[126] ZHANG L, LEVINSON D M. A Model of the Rise and Fall of Roads[C]. MIT Engineering Systems Symposium, 2004.

[127] TRUSINA A, MASLOV S, MINNHAGEN P,et al. Hierarchy Measures in Complex Networks[J]. Physics Review Letter, 2004, 92(17): 178702.

[128] YERRA B M, LEVINSON D M. The Emergence of Hierarchy in Transportation Networks[J]. Annals of Regional Science, 2005, 39(3): 541-553.

[129] LI X M, ZENG M H, ZHOU J, et al. Hierarchy Property of Traffic Networks[J]. Chinese Physics B, 2010, 9(19): 090510.

[130] LEVINSON D M, YERRA B M. Self-Organization of Surface Transportation Networks[J]. Transportation Science, 2006, 40(2): 179-188.

[131] LEVISON D M, XIE F, ZHU S J. The Co-evolution of Land Use and Road Networks[C]. Proceeding 17th International Symposium on Transportation and Traffic Theory, 2007, 111-126: 839-859.

[132] BARTHÉLEMY M, FLAMMINI A. Modeling Urban Street Patterns[J]. Physical Review Letter, 2008, 100(13): 138702.

[133] BARTHÉLEMY M, FLAMMINI A. Co-evolution of Density and Topology in a Simple Model of City Formation[J]. Networks and Spatial Economics, 2009, 9(3): 401-425.

CHAPTER 2

第二章

基 础 理 论

由于城市道路网络结构和城市人口分布之间演化本身具有的复杂性,对两者之间互动机理的研究必然涉及较多的学科领域。本章首先介绍了城市路网的相关知识,接着给出了分析道路网络特性的度量指标,最后介绍了相对邻域图和费马选址问题。

第一节 城市路网形态和演化影响因素

城市道路网络是指在城市范围内不同功能、等级、区位的道路以一定的密度和适当的形式组成的路网结构。城市路网特性则是指在某一时间路网的静态性质,然而城市路网结构不是一成不变的,是随时间不断发生变化的。本节给出了几种城市路网形态,并分析了影响城市路网结构演化的相关因素。

一、城市路网形态

道路网络是城市网络物化的重要形态之一,它是城市空间生长的骨架,支撑着城市内部各种功能空间性分布,同时也反映着城市与外界区域的联系及城市空间整体的开放程度。城市道路网络形态因地理位置、经济发展、道路规模以及土地利用等的不同而不同。常见的城市道路网络结构形态分为棋盘型、带型、放射型、放射环型、混合型以及自由型六种[1](图 2-1)。

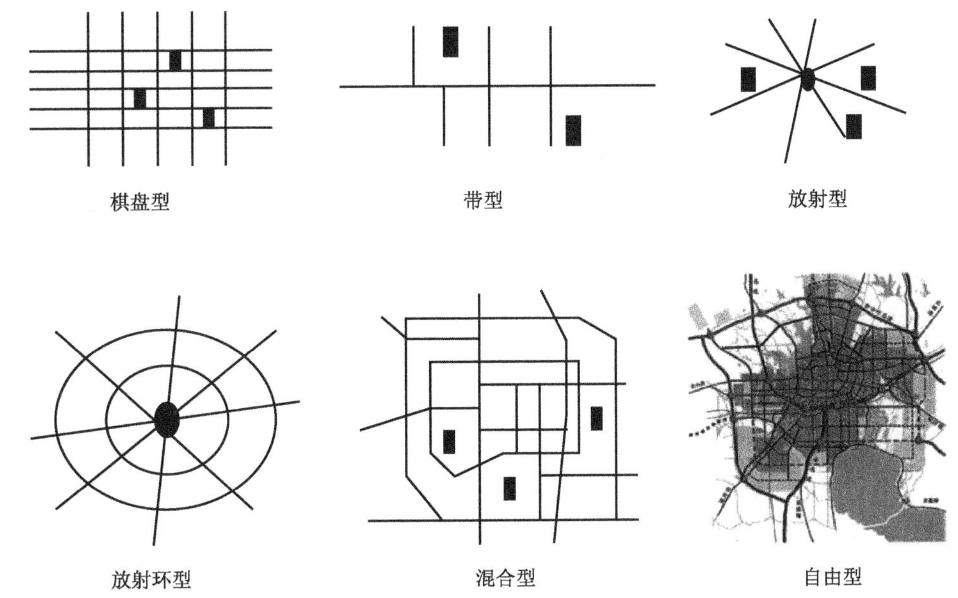

图 2-1 城市道路网络布局[1]

1. 棋盘型路网

棋盘型路网又称方格网式路网，是最常见的一种路网形态，通常适用于地形平坦地区的城市。棋盘型路网每隔一定距离设置纵向和横向接近平行的道路，但由于地形和历史等原因，棋盘型道路网不一定是严格垂直和平行的，这是我国城市道路网最普遍的一种布局形式，如西安、洛阳等一些平原城市。这种结构的优点是：布局整齐，有利于建筑布置和方向识别，交叉路口形式简单，便于交通组织和控制；缺点是：道路非直线系数较大，交叉路口过多，影响行驶速度。

2. 带型路网

带型城市路网是以一条主干线为轴，其他的道路分布在主干线两侧，并与主干线相交，代表城市有兰州和济南。其优点是建筑物沿着主干线分布建设，对于过境交通比较容易分流；其缺点是主干线上的交通量过大，容易造成拥堵。

3. 放射型路网

放射型城市路网的道路都与市中心相连，并且呈现出放射状结构。由于该路网中建筑物是沿着干线分布的，故也表现出放射状的分布。其优点是有利于发展公共交通和方便城市各个区域之间的联系；缺点是对于郊区之间的交通联系非常不便，所有的过境交通都必须经过市中心，因此市中心的交通压力大。

4. 放射环型路网

放射环型路网是从中心向四周引出若干条放射干道，加上一个或几个环城干道共同构成。其优点是有利于市中心与各个分区、郊区、市区外围相邻各区之间的交通联系；其缺点是容易在市中心造成车辆的集中，并且有些地区的交通联系需要绕行才能达到，交通的灵活性方面不如棋盘型好，小范围内不适用。为了分散集中在市中心的交通车辆，一般会布置两个以上的中心或者把某些放射干道布置在二环路或者三环路上。放射环型城市路网适用于大城市或者特大城市，例如巴黎、莫斯科、柏林、北京、成都、沈阳和武汉等。

5. 混合型路网

混合型城市路网根据地区的地形和交通需求，将城市不同区域的道路系统有机结合起来，是城市不同阶段发展的体现。混合型城市路网考虑城市的地理条件，融合若干种城市路网布局形式。其优点是能够综合各种城市路网布局的优势，达到较好的城市路网布局效果，有利于因地制宜地组织交通，如果规划得当，能够取得很好的效果；缺点是在一定程度上破坏了城市的统一性和整体性。

6. 自由型路网

自由型城市路网是考虑城市的自然条件、地理性质而建设的城市道路网络，没有固定的形式,主要形成在山丘地带或沿海沿河的城市。如山城重庆位于嘉陵江与长江汇合处,道路主要沿等高线开辟,形成了不同高程的道路网,并以几条干道(包括隧道)相连。这种结构的优点是:能充分结合自然地形,节省道路工程费用;缺点是:道路线路不规则,造成建筑用地分散,交通组织困难。

二、城市路网等级

道路指供各种车辆(无轨)和行人等通行的工程设施。道路包含众多种类,性质功能等均有不同,因此无法用一个唯一标准对所有道路进行等级划分。为此,各国现行做法一般都是先划分道路种类,再针对各类道路的技术标准划分等级,从而对城市道路网中的道路进行有等级区别的主次划分。国际交通工程师协会把城市道路分为高速公路、快速路、主干道路、次干道路、集散道路和小区道路五种并提出了道路网等级结构配置的参考比例:城市主干路与次干路长度比例为1:2;城市主次干路与支路长度的比例为1:2或者1:3皆可。美国根据交通的连通性与可到达性将美国城市道路划分成高速公路(Highway)、主干路(Freeway)、次干路(Minor Arterial street)、集散道路(Collector street)与地方道路(Local street)五个等级。俄罗斯交通委员会将城市道路分为三个等级:高速道路、干路以及地方性道路,然后在这三个大等级下又细分下去:干路细分为市区干路、流量多道路;地方性道路分为居住区道路、工业仓库区道路、步行街、乡镇街道、乡镇道路、支路六大类。日本对道路等级的划分主要考虑了城市道路交通、构造、空间、防灾四大功能的统一,将城市道路分为高速路、基干道路、辅助道路、支路、特殊道路五个类型。

我国按照道路使用特点,将道路分为城市道路、公路、厂矿道路、林区道路和乡村道路。除对公路和城市道路有准确的等级划分标准外,对林区道路、厂矿道路和乡村道路一般不再划分等级。城市道路是指在城市范围内具有一定技术条件和设施的道路。根据道路在城市道路系统中的地位、作用、交通功能以及对沿线建筑物的服务功能,我国将城市道路分为四类:快速路、主干路、次干路及支路。其中快速路在特大城市或大城市中设置,是用中央分隔带将上、下行车辆分开,供汽车专用的快速干路,主要联系市区各主要地区、市区和主要的近郊区、卫星城镇、主要的对外出路,承担城市主要客、货运交通,有较高车速和大的通行能力。主干路是城市道路网的骨架,联系城市的主要工业区、住宅区、港口、机场和车站等客货运中心,是承担着城市主要交通任务的交通干道。主干路沿线两侧不宜修建过多的行人和车辆入口,否则会降低车速。次干路为市区内普通的交通干路,配合主干路组成城市干道网,起联系各区域和集散作用,分担主干路的交通负荷。次干路兼有服务功能,允许两侧布置吸引人流的公共建筑,并应设停车场。支路是次干路与街坊路的连接线,为解决局部地区的交通而设置,以服务功能为主。部分主要支路可设公共交通线路或自行车专用道,支路上不宜有过境交通。

(1)快速路设有中央分隔带,具有四条以上机动车道,全部或部分采用立体交叉与控制出入,是供汽车以较高速度行驶的道路,又称汽车专用道。快速路的设计行车速度为60~100km/h。

(2)主干路是连接城市各分区的干路,以交通功能为主。主干路的设计行车速度为40~60km/h。

(3)次干路承担主干路与各分区间的交通集散作用,兼有服务功能。次干路的设计行车速度为 30 ~ 50km/h。

(4)支路是次干路与街坊路(小区路)的连接线,以服务功能为主。支路的设计行车速度为 20 ~ 40km/h。

三、城市路网演化的影响因素

城市路网的演化机理中,城市路网复杂系统的各个构成要素之间在一定的环境下相互作用、相互联系。城市路网系统是由多种因素共同作用的,这些因素可以影响城市路网的演化速度、演化形态等。影响城市路网结构演化的因素主要包括:城市人口分布、城市经济水平、城市地理特征、城市道路投资决策、城市土地利用等(图 2-2)。

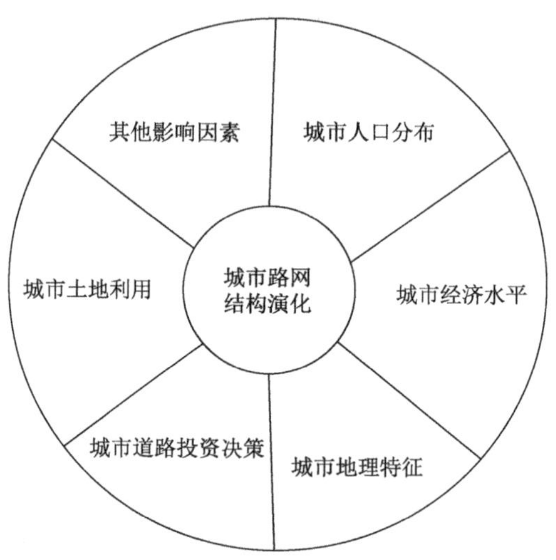

图 2-2 城市路网结构演化影响因素

1. 城市人口分布

城市路网的基本功能之一就是满足城市内个体出行的需求。随着城市的发展,城市间和城市内的交流变得更加活跃,因此人口的流动会更加频繁,从而导致交通需求越来越大,这就要求路网规模不断增长,从而能够满足日益增长的交通需求。

城市人口的分布对城市路网的结构演化是有直接影响的。从总体上看,城市人口越多,路网的规模也相应会越大。而具体人口的分布结构也会直接影响路网的密度分布,人口分布密度高的地区路网密度相对也会较高;反之,人口分布密度低的地区路网密度也相对较低。

2. 城市经济水平

城市的经济发展水平决定着城市道路网络的建设规模,而城市路网的发展规模同样也会影响和制约着城市的经济和交通需求量的发展。城市道路网络建设的目的是满足城市经济发展的需要、改善交通环境，所以城市道路网络的发展是与城市经济发展密不可分的。如果城市的经济发展水平越高，则交通需求量就越大，对城市路网的要求就越高。同时，如果城市路网发达了，则会带来城市经济的增长，提高产业结构优化。对于城市来说，城市经济发展越快、经济规模越大、经济水平越高，则与之适应的城市路网结构就越复杂。这说明城市经济水平对城市路网结构演化有着重要的影响。

3. 城市地理特征

城市地理条件（例如城市中山川、河流、湖泊以及地势等）的不同会导致不同的城市路网演化结构，城市道路合理的选线必须要充分考虑沿线的自然、经济、技术、生态等因素，一般要选择有利地形避开不利的地形，从而尽可能降低工程造价和减少对生态环境的破坏。因此城市的地理特征也会对城市路网结构有重要的影响。

4. 城市道路投资决策

城市路道路投资会因城市的经济实力强弱不同而不同，对于城市内部来说，不同地区的经济能力及发展战略不同，道路投资也会有很大的不同。可见道路投资情况也是城市路网结构演化的一个约束条件。政府对城市道路发展的策略决定了城市道路网络发展的力度，政府支持的城市或者区域，道路投资相对会高，城市路网的建设力度相对较大，城市路网结构也会相对比较复杂。因此，城市道路投资决策对城市路网的发展有着制约的作用。

5. 城市土地利用

城市土地利用从形态上看，体现了地面各类建筑设施的综合布局，而城市路网结构体现了交通线路的综合布局，两者是相互联系、相互制约的。城市土地利用的研究是城市路网结构研究中重要的一环，随着城市道路网络的发展，区域的可达性和便利性也随之提高了，从而影响到其他产业的发展，最终会改变城市土地利用的布局。反之，随着土地利用功能划分更加细致，交通需求结构也会发生变化，进而影响城市道路网络的结构。因此，城市土地利用方式是影响城市交通量的大小以及城市道路网络结构布局形态的重要因素。

第二节 城市道路网络结构特性度量指标

一、基尼系数

基尼系数[2]是 1943 年美国经济学家阿尔伯特·赫希曼提出的，它是根据劳伦茨曲线所定义的判断收入分配公平程度的指标，是一个介于 0 到 1 之间的比例数值，是用来反映居民内部

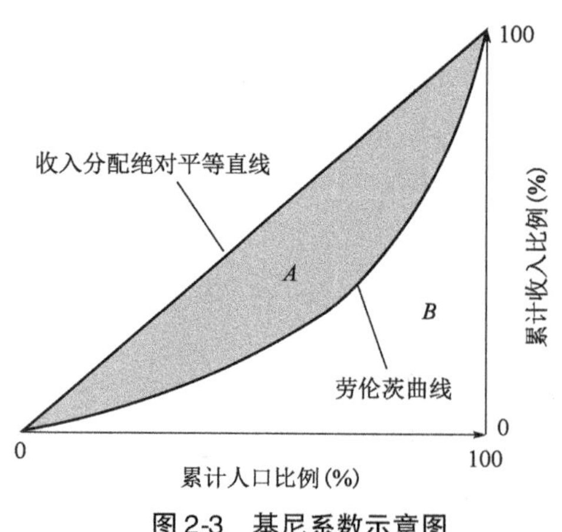

图 2-3　基尼系数示意图

收入分配差异状况的一个重要分析指标。如图 2-3 所示，假设收入分配绝对平等直线和实际收入分配曲线（又名劳伦茨曲线）所围成的面积被定义为 A，实际收入分配曲线与坐标轴所围成的面积定义为 B，用以 A 除以 $(A+B)$ 的结果反映不平等程度，这个数值被称为基尼系数或称劳伦茨系数。如果 A 等于 0，基尼系数就等于 0，意味着收入分配完全平等；如果 B 等于 0，则基尼系数等于 1，意味着收入分配绝对不平等。当收入分配越趋向平等，那么劳伦茨曲线的弧度就变得越小，基尼系数也就越小；反之，当收入分配越趋向不平等，那么劳伦茨曲线的弧度变得越大，基尼系数也就越大。

在本书中引入基尼系数来研究人口的分布情况，其值为 1 时代表人口分布最不均匀，即城市的所有人口都集中在一个区域里面；其值为 0 时代表人口分布最均匀，即城市的所有人口均匀地分布在各个区域里面。其计算表达式如下：

$$G = 1 - \frac{1}{n}\left(2\sum_{i=1}^{n-1} w_i + 1\right) \tag{2-1}$$

其中，n 表示城市的交通小区总数，随着城市的不断扩大，交通小区的总数也会不断增加，故 n 的值是不断增加的，w_i 可以表示成：

$$w_i = \frac{\sum_{k=1}^{i} n_k}{\sum_{k=1}^{n} n_k}, i = 1,2,3,\cdots,n \tag{2-2}$$

其中，$n_k(k=1,2,3,\cdots,n)$ 表示在居住在交通小区 k 处的人口数量。在交通小区数量和各个交通小区人口数量已知的情况下，可以利用式(2-1)来计算基尼系数的值，从而根据基尼系数的大小来判断人口分布的均匀程度。

二、累计概率分布曲线

累计概率分布曲线[3]，可以用来判断分布是否具有幂律性质，当累计概率分布曲线越接近一条直线则幂律性质越明显。本书引入累计概率分布曲线研究城市人口分布的特性，下面给出人口分布的累计概率分布曲线定义。

为了计算人口分布的累计概率分布曲线，把每个交通小区的人口数量 $\{n_k, k \in M(t)\}$ 按照降序排列并重新标号为 $\{n'_1 > n'_2 > \cdots > n'_M\}$，然后把区间 $[n'_M, n'_1]$ 分成 $N[N \leqslant M(t)]$ 个子区间，则分割后的区间长度为 $(n'_1 - n'_M)/N$。累计概率分布可以用下式表示：

$$P_j = 1 - \sum_{l=1}^{j} \frac{N_l}{M}, j = 1,\cdots,N-1, P_0 = 1 \tag{2-3}$$

其中，P_j 表示区间 j 的概率，$N_l(l=1,\cdots,N)$ 表示人口数量落在区间 l 的交通小区数量。

累计概率图形横坐标值是$\{\lg(j), j=1,\cdots,N\}$,纵坐标的值是$\{\lg(P_j), j=0,1,\cdots,N-1\}$。如果累计概率分布的散点图趋近于直线,则表示人口分布越集中,反之则表示人口分布越分散。

三、度分布

城市路网节点度是反映城市路网演化的重要特征,是节点之间的能够描述连接关系的重要统计度量指标。一个节点的度被定义为该节点所连接边的数量。它体现了一个节点在网络中的重要程度,它是衡量网络属性最直观最简单的统计量。数学定义为:给定一个网络的邻接矩阵A,点i的度u_i是矩阵A的第i行之和[4],即:

$$u_i = \sum_j a_{ij} \tag{2-4}$$

其中,a_{ij}表示的是网络邻接矩阵A中的元素,

$$a_{ij} = \begin{cases} 1, \text{节点 } i \text{ 和节点 } j \text{ 之间存在连边} \\ 0, \text{节点 } i \text{ 和节点 } j \text{ 之间不存在连边} \end{cases}$$

那么网络的度分布$D(u)$[5]用来反映网络的基本拓扑特征,它描述的是在网络中度为k的节点个数占总节点数的比例。故一个节点的度越大,表明这个节点就越重要。例如:对于拥有n个点的网络,如果点n_u的度为u,能得到其度分布为$D(u)=n_u/n$。网络的度分布通常以累计的形式来描述,即度大于或者等于u的点的部分:

$$D_u(U \geqslant u) = \sum_{u' \geqslant u}^{\infty} D(u') \tag{2-5}$$

其中,整个网络的平均度是所有点度的算术平均值[5]:

$$\overline{U} = \frac{1}{n}\sum_{i=1}^{n} u_i \tag{2-6}$$

四、介数

介数[6]是复杂网络研究中经常用到的度量指标。它定义为通过点或者边的所有最短路径的数量,介数分为点介数和边介数。由介数可以判断点或者边在整个网络中的作用强度,介数在寻找重要点或者重要边中起着比可达性更高的作用[7]。

对于一般的图,边介数$g(e)$定义为通过边e的所有最短路径占总的最短路径的比例[8]。边介数定义如下:

$$g(e) = \sum_{q,r,q\neq r} \frac{\sigma_{qr}(e)}{\sigma_{qr}} \tag{2-7}$$

其中,σ_{qr}表示从点q到点r的最短路径的数量;$\sigma_{qr}(e)$表示从点q到点r并且通过边e的最短路径的数量。

点介数$g(p)$定义为通过点p的所有最短路径占总的最短路径的比例[7-8],用数学公式表达如下:

$$g(p) = \frac{1}{n(n-1)}\sum_{q,r,q\neq r}\frac{\sigma_{qr}(p)}{\sigma_{qr}} \tag{2-8}$$

其中,σ_{qr}表示从点 q 到点 r 的最短路径的数量;$\sigma_{qr}(p)$表示从点 q 到点 r 并且通过点 p 的最短路径的数量;n 表示网络中所有点的数量。通过式(2-8)的定义可以看出点介数 $g(p)$ 的最大值是1,当达到最大值时表示所有的最短路径都经过点 p。

五、覆盖度

覆盖度[9-10]指标是对路网所在地区覆盖的均匀程度进行评价。覆盖度的定义与非线性科学里面的分形维数是密不可分的。国内外许多学者做过相关的研究:丁以中和娄勇[11]研究了区域路网覆盖性的内涵,阐述了路网分形维数和路网密度之间的异同;杨东援等[12]、许志海和张邵云[13]、王秋平等[14]通过运用分形几何学原理研究了路网覆盖形态,提出了衡量路网结构形态优劣的标准;唐建桥等[15]运用分形维数来衡量城市路网的覆盖性,而用分枝维数衡量了城市路网的连通性。基于前人对分形维数和覆盖度的研究成果,下面给出路网覆盖度的定义。

路网覆盖度[15]:路网覆盖度被定义为分形维数,体现的是覆盖整个道路网络的网格边长经过第 i 次细分后有交通线路通过的覆盖程度。

为用公式描述道路网络的覆盖度,用边长为 y 的网格覆盖整个道路网络。接下来,把边长为 y 的网格用边长为 $y/2$ 分成四等份,依次进行分割,所以路网覆盖度可以用如下公式计算[11]:

$$\text{Coverage}(y_i) = \frac{\ln[B(y_{i-1})] - \ln[B(y_i)]}{\ln(y_i) - \ln(y_{i-1})} \tag{2-9}$$

其中,y_i 是进行 i 次分割后网格的长度;$B(y_i)$是有道路通过的网格的数量。覆盖度反映了道路网络的覆盖形式,其值越大表示越多道路通过了越多的网格,也就是说整个道路网络的覆盖程度越高,路网的覆盖形态特性也就越好。

六、环性和树性

平面交通道路网络的基本结构可以分成两类:环性网络和树性网络[16]。环性网络的结构是由闭环道路组成的,其中闭环是指起点和终点都是同一个点的闭合路径(至少3条路段)。树性网络结构可以用树结构来刻画,其结构中不存在闭环。特别地,当一个图不含有环时叫作森林,一个连通的森林叫作树。在环性和树性结构道路网络中存在许多典型的连接结构。一个闭合块包含至少一个闭合路径并且既不包含桥也不包含孤立点。如果一个闭合块只由一个闭合路径构成,则称之为环(ring);如果它包含不止一个闭合路径,则称之为网(web)[17]。道路网络中环和网越多,则网络的环性越高;反之,则树性越高。环和网是两种典型的环性网络,星射状(star)或轴辐式(hub-and-spoke)是典型的树性网络(图2-4)。

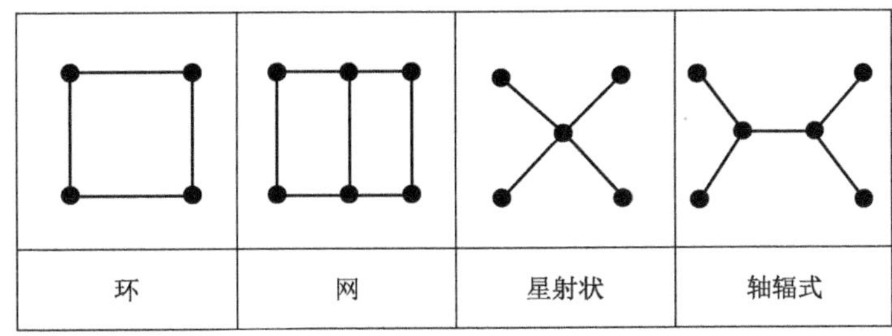

图2-4 连接方式实例

对于一般网络的环性和树性定义如下[17]：

$$\phi_{\text{circuit}} = \phi_{\text{ring}} + \phi_{\text{web}} \tag{2-10}$$

$$\phi_{\text{ring}} = \frac{\text{在环上的路段的总长度}}{\text{总路段长度}} \tag{2-11}$$

$$\phi_{\text{web}} = \frac{\text{在网上的路段总长度}}{\text{路段总长度}} \tag{2-12}$$

$$\phi_{\text{tree}} = 1 - \phi_{\text{circuit}} \tag{2-13}$$

显然，上面表达式的取值范围是［0，1］。特别地，当取0时是环或者取/时是树。树性（ϕ_{tree}）的值越大表示网络中树状结构越多，当环性（ϕ_{circuit}）越大时表示网络中环和网越多。

七、全局效率

为定义路网全局效率[18]，首先引入节点之间的效率。节点i与节点j之间的效率（也称为两节点之间的连通系数）定义为$\varepsilon_{ij}=1/d_{ij}$，其中$d_{ij}$表示从节点$i$到节点$j$的最短距离。如果两个节点离得越近，两个节点之间的效率就越大，这说明交通流量在这两点之间的速度也就越快。而整个网络的全局效率（Global Efficiency）可以定义为[18]：

$$E = \frac{1}{N(N-1)}\sum_{i\neq j}\varepsilon_{ij} \tag{2-14}$$

从物理意义上说，全局效率是衡量交通流量在网络上流动时的效率。

八、平均最短路径长度

平均最短距离[19]（平均最短路径长度）被定义为所有节点对之间最短距离的平均值。它反映的是网络中节点间的分离程度，其表达式如下[19]：

$$l = \frac{1}{N(N-1)}\sum_{i\neq j}d_{ij} \tag{2-15}$$

其中，N表示路网中节点的数量；d_{ij}为从节点i与节点j的最短距离。

九、聚类系数

聚类系数[20]主要是用来反映网络节点的聚集情况，一个节点的集群系数可以被定义为[20]：

$$C_i = \frac{2l_i}{k_i(k_i - 1)} \tag{2-16}$$

其中，l_i 表示节点 i 的邻点之间的连边数；k_i 表示节点 i 的度，定义为节点 i 的邻边数。整个网络的聚类系数可表示如下[20]：

$$C = \langle C_i \rangle = \frac{1}{N}\sum_i C_i \tag{2-17}$$

第三节 相对邻域图

Toussaint[21]在研究计算几何学的时候首次提出了相对邻域图（Relative Neighborhood Graph，RNG）的概念。欧式空间$\Re^m$有限点集合 V 的 RNG 定义为由有限点集合和边 $RNG(V)$ 组成的无向图，其中 $RNG(V)$ 由满足 $d(p,q) \leqslant \max_{z\in V\{p,q\}}\{d(p,z),d(q,z)\}$ 的线段(p,q)组成[21]，其中点 p 和点 q 称为"相对邻居"，如图 2-5 所示，对于以点 p 和点 q 为圆心，以两点之间的距离 L_{pq} 为半径画的两个圆，如果没有任何其他点落于圆 p 和圆 q 相交的部分，则称点 p 和点 q 称为"相对邻居"。想要更深入地了解 RNG，可以参照文献[22-23]。

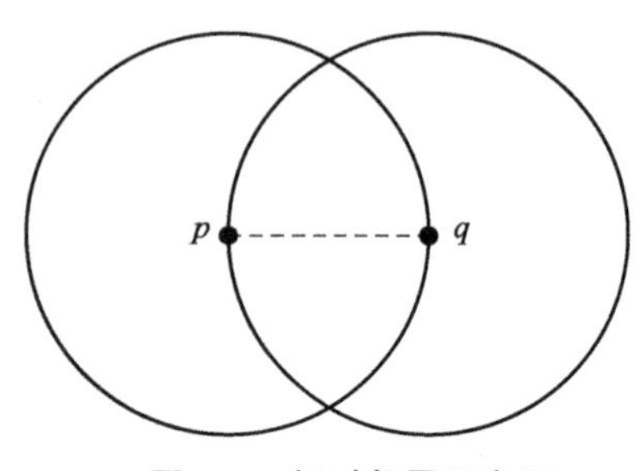

图 2-5 相对邻居示意图

对于给定的欧式空间中 n 个不同的点构成的点集 V，即：$V = \{p_1, \cdots, p_n\}$，如何找出 $RNG(V)$？以下为具体算法：

步骤 1：计算所有点对之间的欧式距离 $d(p_i,p_j)$，$i,j = 1,\cdots,n,i \neq j$。

步骤 2：对于每一对点集(p_i,p_j)，计算距离 $d^k_{\max} = \max\{d(p_i,p_k),d(p_k,p_j)$：$k = 1,\cdots,n,k \neq i,k \neq j\}$。

步骤 3：如果 $d^k_{\max} \geqslant d(p_i,p_j)$，连接两个点 p_i 和 p_j，否则不连接。

步骤 4：返回步骤 2 直到所有的点都被搜索。

第四节 费马选址问题

17 世纪，费马（Fermat）提出了如下问题：在欧式平面上，任意给定一个三角形△ABC，试求一点 S 使得它到三角形的三个顶点的距离之和最小。当时该问题也有了相应的解释：

（1）在三角形△ABC 中，若有某个角度∠A 大于或等于 120°，则 A 便是所要求解的

点 S。

(2)在三角形$\triangle ABC$ 中,每个角度都小于 120°,如图 2-6 所示,在三角形 ΔABC 的外侧作三个正三角形:$\triangle ABC'$、$\triangle BCA'$和$\triangle CAB'$,并且分别作它们的外接圆 O_1、O_2 和 O_3,则 O_1、O_2 和 O_3 必交于一点,这一点便是所要求解的点 S,并且有$\angle ASB = \angle BSC = \angle CSA = 120°$。

(3)三条线段$\overline{CC'}$、$\overline{AA'}$和$\overline{BB'}$也相交于点 S。

(4)线段$\overline{CC'}$、$\overline{AA'}$和$\overline{BB'}$的长度都等于点 S 到三个顶点的距离之和。

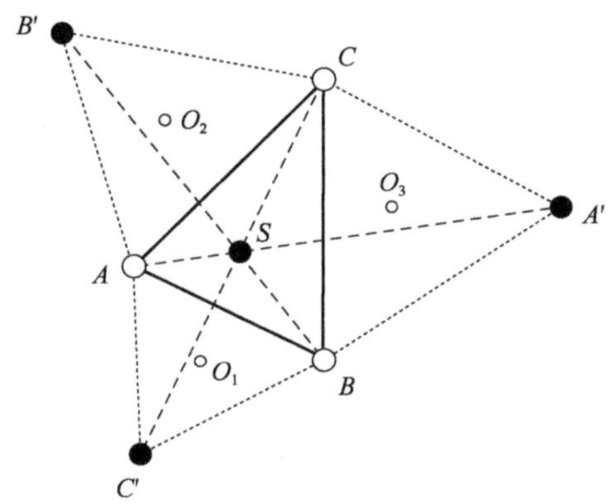

图 2-6 费马选址问题基尼系数示意图

上述描述的是三个点的费马选址问题。19 世纪初,Steiner 又将其推广到 n 个点的费马选址问题。n 个点的费马选址问题描述为:在欧式平面上,对于任意给定的有限个点的集合 $R = \{v_1, v_2, \cdots, v_n\}$,如何连接才能使每个点都被连接并且连线的总长度最短?

Weiszfeld 从另一角度对该问题进行了推广,给出了一般的费马选址问题:给定的 m 维欧式空间$\Re^m$中的 n 个点 $A_i = \{a_{i1}, a_{i2}, \cdots, a_{in}\}$和 n 个正数的权值 $w_i (i = 1,2,\cdots,n)$,寻求一点 $p_0 = (x_1^*, \cdots, x_m^*)$使得满足[24-25]:

$$f(p_0) = \min f(x) = \min \sum_{i=1}^{n} w_i \| x - p_i \|_2 \tag{2-18}$$

需要注意的是如果所有点的权重相等,一般费马选址问题就退化成欧式最小 Stiner 树问题[26-27]。

Weiszfeld(1937)[24]证明了,如果 p_0 是式(2-18)的最优点,则 p_0 要么在 n 个点中,要么是一个新点且满足如下条件:

$$p_0 = \frac{1}{\sum_{i=1}^{n} \frac{w_i}{\| p_0 - p_i \|_2}} \sum_{i=1}^{n} \frac{w_i}{\| p_0 - p_i \|_2} p_i \tag{2-19}$$

此后,求解费马选址问题的启发式算法被提出[24]:

$$T: p_0^k \to p_0^{k+1} = T(p_0^k),$$

$$T(p_0^k) = \frac{1}{\sum_{i=1}^{n} \frac{w_i}{\| p_0^k - p_i \|_2}} \sum_{i=1}^{n} \frac{w_i}{\| p_0^k - p_i \|_2} p_i \tag{2-20}$$

其中,T 表示映射。对于任意的初始化点 p_0^1 不同于点 p_i,当 $k \to \infty$时,$p_0^{k+1} \to p_0$ 成立。

第五节 本章小结

本章首先介绍了城市路网的各种形态和影响城市路网结构演化的各种因素，接着介绍了衡量道路网络特性的度量指标，并详细介绍了相对邻居和相对邻域图的概念，以及费马选址问题及其求解算法。本书的相关实验模拟过程就是在费马选址问题的基础上进行的城市道路网络演化，并对城市道路网络的各项度量指标进行统计和分析。

本章参考文献

[1] 徐韧. 城市路网布局形式研究[J]. 科技创新导报, 2009, 6: 244-245.

[2] ELIAZAR I, SOKOLOV I M. Maximization of statistical heterogeneity: From Shannon's Entropy to Gini's Index[J]. Phsica A: Statistical Mechanics and its Applications, 2010, 389(16), 3023-3038.

[3] KING RE, BROWN W A. A Cumulative Probability Distribution Analyzer[J]. Mathematics and Computers in Simulation, 1963, 5(4), 200-203.

[4] DOROGOVTSEV S N, MENDES J F F, SAMUKHIN A N. Size-dependent Degree Distribution of a Scale-free Growing Network[J]. Physical Review E, 2001, 63(6): 062101.

[5] 陈德伟. 复杂网络度分布的研究[D]. 天津:河北工业大学, 2007.

[6] BRANDES U. A faster algorithm for betweenness centrality[J]. Journal of Mathematical Sociology, 2001, 25(2): 163-177.

[7] BARTHÉLEMY M. Betweenness Centrality in Large Complex Networks[J]. The European Physical Journal B-Condensed Matter and Complex Systems, 2003, 38(2):163-168.

[8] FREEMAN L C. A Set of Measures of Centrality based on Betweenness[J]. Sociometry, 1997, 40 (1): 35-41.

[9] 李文华, 杨兆升, 王希伟. 基于分形几何学的区域公路网布局评价指标的研究[J]. 交通运输系统工程与信息, 2005, 5(5): 50-53.

[10] 张铮, 陈亮, 魏洪涛. 基于分形理论的区域路网覆盖性评价研究[J]. 河北工业大学成人教育学院学报, 2005, 20(1): 10-13.

[11] 丁以中, 楼勇. 分形理论在交通运输网络评价中的应用[J]. 上海海运学院学报, 1998, 19(4): 7-12.

[12] 杨东援, 吴海燕, 宗传苓. 采用分形学几何方法概述路网覆盖形态[J]. 中国公路学报, 1996, 9(3): 29-35.

[13] 许志海, 张昭云. 分形理论在交通道路网络分布形态研究中的应用[J]. 测绘工程, 2006, 15(1): 27-30.

[14] 王秋平, 张琦, 刘茂. 基于分形方法的城市路网交通形态分析[J]. 城市问题, 2007, (6): 52-55.

[15] 唐建桥, 左大杰, 王慈光. 基于分形维数的交通路网覆盖形态特性研究[J]. 公路交通科技, 2014, 31(4): 114-119.

[16] XIE F, LEVINSON D M. Measuring the Structure of Road Networks[J]. Geographical Analysis, 2007, 39(3): 336-356.

[17] XIE F, LEVINSON D M. Topological Evolution of Surface Transportation Networks [J]. Computers, Environment and Urban Systems, 2009, 33(3): 211-223.

[18] 田柳. 权重分布对网络效率的影响[D]. 北京:北京师范大学, 2008.

[19] 周云龙. 复杂网络平均路径长度的研究[D]. 合肥:合肥工业大学, 2013.

[20] 李岸巍,阮豫红. 基于 MATLAB 环境的聚类系数的计算[J]. 山西师范大学学报, 2009, 29(3): 32-35.

[21] TOUSSAINT G T. The Relative Neighbourhood Graph of a Finite Planar Set[J]. Pattern Recognition, 1980, 12(4):261-268

[22] SUPOWIT K J. The Relative Neighborhood Graph with an Application to Minimum spanning Trees[J]. Journal of the Association for Computing Machinery, 1983, 30(3): 428-448.

[23] JAROMCZYK J W, TOUSSAINT G T. Relative Neighborhood Graphs and Their Relatives[C]. Proceedings of the IEEE, 1992, 80 (9):1502-1517.

[24] WEISZFELD E. Sur le point pour lequel la somme des distances de n points donnés est minimum[J]. Tôhoku Mathematics Journal, 1937, 43, 355-386.

[25] VARDI Y, ZHANG, C H. A Modified Weiszfeld Algorithm for the Fermat-Weber Location Problem[J]. Mathem Program, 2001, 90(3): 559-566.

[26] HWANG F K, RICHARDS D S. Steiner Tree Problems[J]. Networks, 1992, 22(10): 55-89.

[27] CHLEBIK M, CHLEBIKOVA J. Approximation Hardness of the Steiner Tree Problem on Graphs[C]. Proc 8th Scandinaavian Workshop on Algorithm Theory, Turku, 2002, 2368: 170-179.

CHAPTER 3

第三章

基于城市空间的人口分布演化动力学模型

城市道路交通系统是由人-车-路-环境等要素组成的复杂系统,各要素间的协调对于缓解交通问题具有重要作用。本章主要研究城市空间人口分布规律,为后续道路网络演化的研究提供基础。

第一节　引言

在城市空间演化的过程中存在着许多复杂的驱动力[1-3],例如社会、经济和政治等,这些驱动力之间的相互作用是非常复杂的,一般很难描述。据笔者所知,迄今为止很少有文献将定量预测理论应用到城市动力学中,从而来组织未来城市空间发展的轨迹和评估其稳定性。城市空间演化是通过人口分布来反映的,这主要依赖于人类行为动力学[4]。人类行为动力学主要研究人类日常的行为模式,力图挖掘新的统计规律并建立相应的动力学模型[5]。为了明白人类的动态行为模式如何形成和影响城市空间演化的,则有必要理解人类的迁徙规律。通过跟踪 10000 名手机用户 6 个月通信位置的变化,González 等[6]证实,不同于利用流行的 Lévy Fight 随机步长模型预测得到的随机轨迹,人类行为轨迹显示出高度的时空规律,每个出行个体具有典型的出行距离并且以显著的概率回到经常光顾的地方。

城市空间演化是城市规划的核心问题,在过去几十年被广泛研究,Xie 和 Levinson[7]就各种城市空间演化模型做了全面综述。回顾过去几十年的研究,各种方法被用来模拟城市空间演化过程,典型的方法主要包括 GIS(地理信息系统)空间分析[8-10]、元胞自动机[11-14]、基于多智能体的模型[4,15]和动力学模型[16-20]。

随着 GIS 空间分析的快速发展,出现了越来越多的 GIS 软件包(包括分析工具标准内置设施),这些软件包可用性的提高给商业智能创造了一个新的维度,称为"空间智能"。最近,一些学者使用了 GIS 空间分析技术来描述城市空间演化模型,例如,Fragkias 和 Seto[8]应用时间序列的卫星图像、GIS 与基于位序规模分布的时间序列空间模式统计相结合的方法,来评估中国南方城市集群的演化特性。

元胞自动机是微观模型,它由离散元胞格子组成,其值的变化受到邻近效应的影响。过去几十年,在城市空间演化中常利用元胞自动机去捕获城市空间分布的微观性质。Itami[12]给出了元胞自动机全面理论综述,讨论了元胞自动机在环境建模和模拟方面的应用;White[13]提出了一个元胞自动机模型来研究城市空间结构演化。然而,在城市空间演化过程中,元胞自动机模型并不能充分考虑城市空间演化的所有影响因素,特别是社会经济因素。因此,有必要把其他模型与元胞自动机模型整合进行研究,例如,GIS 和元胞自动机总是整合在一起来研究城市空间演化问题的。Batty 等[9]提出了一类城市模型,模型动态性研究是基于 GIS 与元胞自动机相关的发展理论;Li 等[10]研究了整合 GIS 技术扩展的元胞自动机模型,帮助规划者探索更好的城市可持续发展模式;Xie 等[14]提出了一种广义的基于 GIS 技术的元胞自动机模型,来描述城市空间演化问题的复杂性和动态性。

基于多智能体的模型是一类较新的计算模型,它模拟自发的智能体的行为和交互,从而评估它们作为一个整体对整个系统的影响。近年来,越来越多的文献开始使用基于多智能体的模型来研究城市空间演化。例如,Ligtenberg 等[2]提出了一个结合元胞自动机的多智能体空间规划模型; Mansury 和 Gulyás[15]提出了一个空间智能体模型,利用该模型可以展现 Zipf's 定律的统计性质,从而用来研究城市间人口的分布特性,然而 Mansury 和 Gulyás 的模型是一个都市圈内城市集群,不能应用于一个城市中交通小区的人口分布。

近年来,越来越多的文献开始关注城市演化的动力学模型, Benguigui 和 Blumenfeld - Lieberhal[16-17]提出了一个新的动力学模型来研究城市规模分布,他们的模型不仅考虑了 Zipf's 定律,还考虑其他种类的城市规模分布。Benguigui 和 Blumenfeld-Lieberhal[18]进一步利用他们提出的动力学模型来分析城市规模分布的演化,并给出了一些定量的解释;Carlos[20]就 Zipf's 定律给出了一个简单的局部最优测试,并利用美国最大城市进行了验证; Henderson 和 Venables[21]提出了一个能在经济上研究城市形成和城市规模问题的动态模型,其动态性具体体现为城市总量在不断增加;Li 等[22]通过把城市增长比作一个物理过程,提出了一个城市扩张的宏观模型;另外,Schelling[23]提出了一个城市扩张的微观模型。

城市人口作为反映城市规模的基本特征之一,人口的数量、质量、结构和空间分布都对城市的结构、形态和功能有较大影响[24]。因此,研究城市人口分布演化首先需要研究城市人口空间分布。城市人口空间分布的研究理论认为,集中和分散是城市人口空间分布演化的基本特征。然而,上述文献在城市空间分布研究中都没有考虑人口空间分布,即人类迁移动力学行为。除此之外,交通小区的承载力也是城市人口分布演化研究中的一个重要的因素。本章提出了一个人口分布动态模型,模型在人口的迁移决策过程中既考虑人类运动的动力学行为,又考虑交通小区的承载力。同时,在上述文献中人口和交通小区的数量是确定的,而在本章中则放松该假设。

第二节 城市空间人口分布演化模型

人口空间迁移在城市人口分布演化中起着重要的作用。本书提出了一个新的城市人口空间分布演化的计算模型,考虑了偏好和随机探索的迁移机制。偏好机制的意思是个体喜好迁移到人口比较集中的区域,而随机探索机制表示人口对未知区域的随机探索。本章研究了交通小区承载力、最大迁移距离、迁移率和随机迁移参数对人口分布演化的影响。结果表明:一方面随着区域承载力、最大迁移距离和迁移率的增加,城市人口分布出现集中化现象;另一方面,随着随机迁移参数的增加,人口分布出现离散化现象。

一、基本假设

模型从两个方面来对城市人口分布演化进行分析,即人口分布和土地利用。为了简化模型公式,现做如下假设。

假设 1：整个城市的人口增长包括净迁入(从其他城市或地区迁入该城市)和人口自然增长两部分。

在此假设下的人口预测模型[25]：设现状城市人口为 A，n 年后城市人口为 H，人口自然增长率为 r，人口净迁入增长为 m，则有如下关系：

$$H = A(1 + r)^n + m \tag{3-1}$$

假设 2：人口动力学过程包括两个机制：一个是偏好机制，另一个是随机探索机制。其中，人们对于距离当前居住交通小区较近的区域采用偏好机制移动，对于距离当前居住交通小区较远的区域采用随机探索机制移动。

假设 3：土地利用被分成三种：已开发区域(Developed Area，DA)、未建设区域(Undeveloped Area，UA)和不能开发区域(Not developed Area，NA)。已开发区域表示已经开发的可以供人居住的区域；未开发区域表示目前尚未开发，但未来可以开发利用的区域；不能开发区域是指一些特殊的用地，例如公园、道路、景区等。对这三种区域表示如下。

定义：$l[x(t)] \in \{0,1,2\}$ 是土地利用类型 $x(t)$ 的标志，其随着时间 t 发生变化。

$$l[x(t)] = \begin{cases} 0, x(t) \text{ 为不能开发区域,} \\ 1, x(t) \text{ 为已开发区域,} \\ 2, x(t) \text{ 为未开发区域。} \end{cases} \tag{3-2}$$

二、人口分布动力学演化模型

城市人口分布演化动力学模型包括五个过程：初始化、人口移动机制、人口迁移决策、人口动力学模型和搜索过程。

1. 初始化

城市被分成 $L \times L$ 个区域，其中 L 是二维网格的边长。每一个区域可以用 $k = x_i + (y_i - 1)L$ 来表示，其中 $x_i \in \{1,2,\cdots,L\}$，$y_i \in \{1,2,\cdots,L\}$，定义 $d_{ij} = \max\{|x_j - x_i|, |y_j - y_i|\}$ 为区域 (x_i, y_i) 和 (x_j, y_j) 之间的距离。

初始化中，给出了一些聚集区域，这些区域内大部分的地区已经开发成交通小区。假设大部分人口分布在聚集区域，并且选择一些地区作为不能开发区域，这些区域永远不能被开发(例如公园、道路和景区等)。不能开发区域的比例根据城市的不同而不同。

图 3-1 给出了初始化的结果，x 轴、y 轴表示在网格上的不同交通小区的空间坐标，其中颜色比较浅的点表示交通小区人口的分布。图 3-1a)给出了一个中心区域，图 3-1b)有两个中心区域，图中白色的区域表示未开发的区域，颜色最深的点表示不能开发的区域，而颜色比较浅的点代表了已开发区域，颜色越深代表人口分布越多。

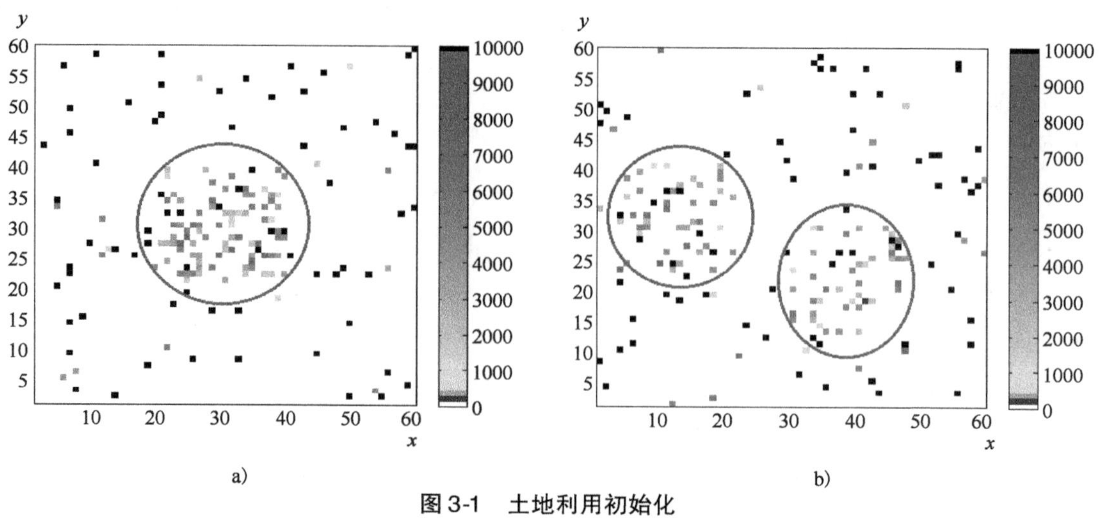

图 3-1 土地利用初始化

（注：x 轴、y 轴表示在网格中不同交通小区的坐标）

2. 人口移动机制

人口移动的过程中考虑两个机制：偏好机制和随机探索机制。

首先，对于三类土地利用，可用下式表示：

$$ch\{l[k(t)]\} = \begin{cases} 1, & l[k(t)] = 1 \\ 0, & 其他 \end{cases} \tag{3-3}$$

只有已开发区域可以居住，其他区域不可以居住。令 $M(t)$ 是已开发区域随时间变化的集合。$S_k(t)$ 定义为位置 k 在时间 $t=1,2,\cdots,T$ 的状态，其值通过下面的规则进行更新：

$$S_k(t+1) = ch[l(k)]f[S_k(t), S_{\Omega(k,\delta)}(t), S_{\overline{\Omega}(k,\delta)}(t)], t = 1,2,\cdots,T, k \in M(t) \tag{3-4}$$

其中，$f:\Re \times \Re^{\Omega} \times \Re^{\overline{\Omega}} \rightarrow \Re$ 是一个实值函数，$\Omega(k,\delta)$ 是位置 k 的距离为 δ（定义最大迁移距离）邻居集合，可以写成 $\Omega(k,\delta) = \{j \in M(t) \& j \neq k: d_{kj} \leqslant \delta\}$，$\overline{\Omega}(k,\delta)$ 是集合 $\Omega(k,\delta)$ 的补集。需要注意的是，$S_k(t)$ 由位置 k 前一步状态和其邻居节点和非邻居节点前一步状态决定，$\Omega(k,\delta)$ 和 $\overline{\Omega}(k,\delta)$ 通过偏好机制和随机探索机制进行更新。

3. 人口迁移决策

人口迁移决策过程取决于其当前位置的状态以及邻居节点和非邻居节点的状态。式(3-5)描述了迁移位置随时间的变化。

$$P_a(t+1) = g\{P_a(t), S_{P_a(t)}(t), S_{\Omega[P_a(t),r_a]}, S_{\overline{\Omega}[P_a(t),r_a]}\} \tag{3-5}$$

其中，$P_a(t+1) \in M(t)$ 表示个体 a 在 $t+1$ 时刻迁移的空间位置，其坐标表示为 (x,y)；$S_{P_a(t)}(t)$ 表示个体 a 在空间位置 $P_a(t)$ 的状态，$r_a \geqslant 1$ 表示对于每一个个体 a 的距离阈值；$S_{\Omega[P_a(t),r_a]}$ 和 $S_{\overline{\Omega}[P_a(t),r_a]}$ 分别表示位置 $P_a(t)$ 所有的邻居和非邻居的状态。

4. 人口动力学模型

在人口动力学模型中，每一个交通小区都给定一个最大承载力，也就是说，交通小区的人口是一个有限的值。将 $n_k(t) \geqslant 0$ 定义为在空间位置 k 时间 t 的人口数目，$N(t) = \sum_{k \in M(t)} n_k(t)$ 为整个城市的总人口。每一个时间 t 内有 $\beta n_k(t)$ 的人口移动，这里 β 定义为迁移率。另外，$\gamma_{k_1k_2}(t)$ 定义为从空间位置 k_1 迁移到空间位置 k_2 的人口数目，在空间位置 k_1 时间为 t 的交通小区人口数目可以通过下面的公式计算：

$$n_{k_1}(t) = n_{k_1}(t-1) + \sum_{k_2 \in M(t)} \gamma_{k_2k_1}(t-1) - \sum_{k_1 \in M(t)} \gamma_{k_1k_2}(t-1) \tag{3-6}$$

其中，$\sum_{k_2 \in M(t)} \gamma_{k_2k_1}(t-1)$ 和 $\sum_{k_1 \in M(t)} \gamma_{k_1k_2}(t-1)$ 分别表示迁入人口和迁出人口。当 $\sum_{k_2 \in M(t)} \gamma_{k_2k_1}(t-1) = \sum_{k_1 \in M(t)} \gamma_{k_1k_2}(t-1)$ 时，交通小区的人口不发生变化。

5. 搜索过程

在人口移动的过程中考虑两类区域：一类是邻居区域，另一类是非邻居区域。

（1）人们对非邻居区域 $\overline{\Omega}(k,\delta)$ 的情况不了解，所以他们只能对该区域进行随机探索，并且只有少数人对非邻居区域进行随机探索，其探索概率为 $p_{ex} = \rho s^{-\gamma}$[62]，其中 ρ 和 γ 是参数，s 是非邻居区域的交通小区数目。可以看出，如果给定 ρ 和 γ，p_{ex} 随着 s 减小而增大。需要注意的是，ρ 可以定义为随机迁移参数，其值影响随机迁移的概率。

（2）大多数的人会选择偏好机制迁移到邻居区域 $\Omega(k,\delta)$，其迁移概率 $p_{pr} = 1 - p_{ex}$。因为人们对邻居区域的情况很了解，所以他们会选择迁移到吸引力大的交通小区（这种交通小区一般是人口比较密集的地区）。参考多项 Logit 模型的选择概率[26]，用下面的方程作为选择概率来寻找最佳迁移位置。同时，$\Psi_{j,a}(t)$ 值的大小表示交通小区 j 对个体 a 的吸引力大小，如果交通小区 $P_a(t)$ 处的 Ψ 值最大，个体 a 将迁移到该交通小区。需要注意的是，在一些情况下，可能 Ψ 值最大的交通小区不止一个。如果这种情况出现，随机选择一个最大值的交通小区。

$$P_a(t+1) = \arg\max_{j \in \Omega[P_a(t),r_a]} \Psi_{j,a}(t) \tag{3-7}$$

其中，$\Psi_{j,a}(t)$ 表示交通小区 j 对个体 a 的吸引力大小，并且是随着交通小区人口数目 $n_j(t)$ 的增大而增大。注意到 $\Psi_{j,a}(t)$ 受到交通小区人口数目和交通小区承载力的影响。其表达式如下：

$$\Psi_{j,a}(t) = \begin{cases} \dfrac{e^{n_j(t)}}{\sum\limits_{k \in \Omega[P_a(t),r_a]} e^{n_k(t)}} = \dfrac{1}{1 - \sum\limits_{k \in \Omega[P_a(t),r_a],k \neq j} e^{n_k(t)-n_j(t)}} & n_j(t) \leqslant C_j \\ \dfrac{e^{C_j}}{\sum\limits_{k \in \Omega[P_a(t),r_a]} e^{n_k(t)}} = \dfrac{1}{1 - \sum\limits_{k \in \Omega[P_a(t),r_a],k \neq j} e^{n_k(t)-C_j}} & n_j(t) > C_j \end{cases} \tag{3-8}$$

其中，$n_j(t)$ 和 C_j 的分别表示交通小区 j 的人口数目和承载力。

从式(3-7)和式(3-8)可以得出，交通小区吸引力随着交通小区人口数目的增加而增加，反之，交通小区吸引力则减小。

图 3-2 描述了每一步人口移动的流程图（t 是迭代步数，$t = 1,2,3,\cdots$）。

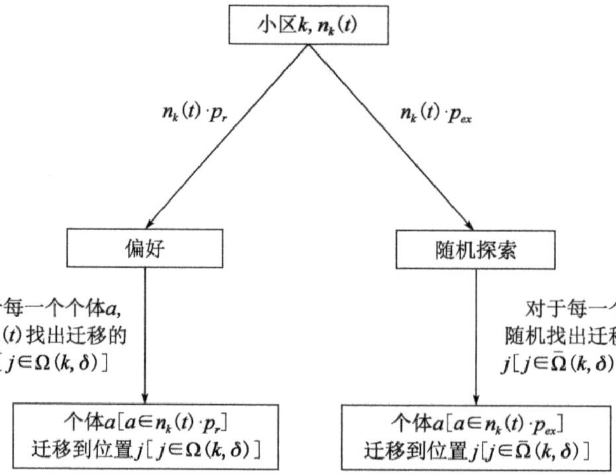

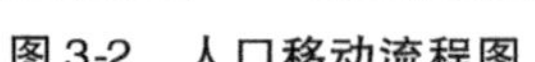

图 3-2　人口移动流程图

三、新建城市交通小区的模拟

在现实中，并不是所有的区域都能够用来开发。本书给出了一部分不能开发而作为特殊用途的区域，例如公园、湖泊、景区等。城市规划者每年都会根据当年的情况新建一些交通小区。在模型中考虑两种情况下的新建交通小区。

（1）政府根据当年的情况随机新建一部分交通小区。部分人口根据这些交通小区的承载力会被分配到该区域。这些新的人口包括城市自然增长的人口和外来人口。这种情况下城市的总人口 $N(t)$ 和交通小区的数目 $M(t)$ 会增加。

（2）当已有的交通小区人口超过了交通小区的承载力，超出交通小区承载力的这部分人口会被分配到一些新建交通小区。这种情况下整个城市的交通小区数量可以表示为：

$$M(t) = M(t-1) + M_{(i)}(t-1) + M_{(ii)}(t-1) \tag{3-9}$$

其中，$M_{(i)}(t-1)$ 表示在情况（1）下新建交通小区的数目，$M_{(ii)}(t-1)$ 表示在情况（2）下新建交通小区的数目。显然，$N(t) = \sum_{k\in M(t)} n_k(t)$ 随着时间 t 变化而增加。

第三节　模拟结果及分析

本节通过数值模拟实验来验证提出的模型。整个城市被分成 60 × 60 的区域，DA、NA 和 UA 数目分别是 100、720（60 × 60 × 0.2，也就是有 20% 城市区域是 NA）和 2780，城市的人口总量是 50000 人[$N(0)=50000$]。

一、承载力对城市人口分布的影响

实际上,每一个交通小区承载力(CC)都是有限的。为了研究交通小区承载力对人口分布和城市演化的影响,给出了不同的交通小区承载力(例如:2000、5000 和 10000 人)下的仿真模拟结果。

图 3-3 描述了在不同交通小区承载力下交通小区等级分布和累计概率分布,从图中可以看出交通小区承载力对人口分布有很大的影响,图 3-3a)表示交通小区等级大小分布,横坐标为交通小区人口取 log 值,纵坐标是等级取 log 值,从等级-小区大小曲线可以看出,由于交通小区大小的限制当 CC 很小时,等级-小区大小曲线下降很快。图 3-3b)表示累计概率曲线,横坐标为概率区间取 log 值,纵坐标为概率值取 log 值,累计概率曲线随着 CC 的增大,由向下凹的曲线趋近于直线(标准残差分别为 6.7211、6.2412 和 5.8311)。CC 值较大代表了交通小区拥有较大的承载力(也就是 C_j 值比较大),因为人口偏好和具有大的承载力,多数人口会集中在少数的交通小区内。相反,CC 值较小代表了交通小区的承载力较小,不能容纳太多的人居住,所以相对于承载力大的情况下人口分布更加分散。图 3-3b)左下角的小图描述了累计概率的标准差。

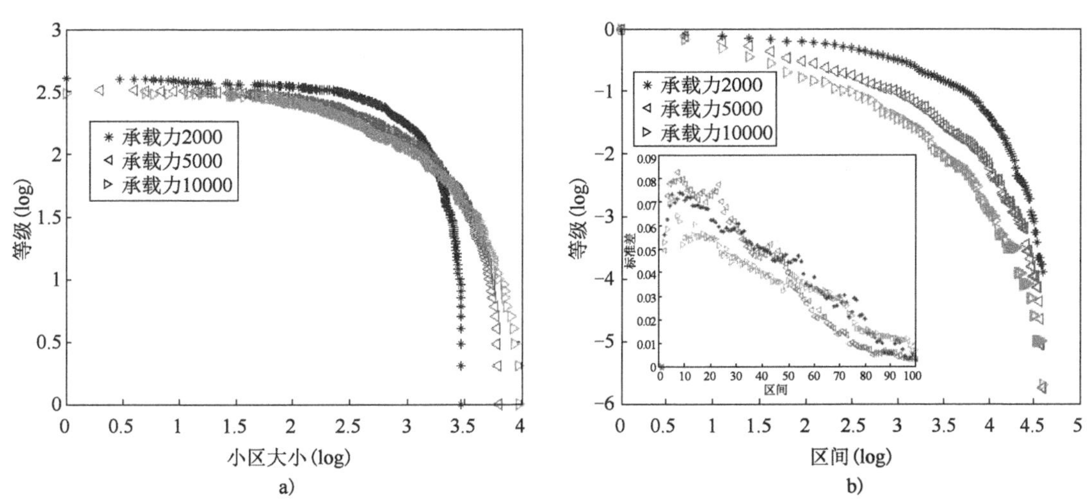

图 3-3　交通小区承载力的影响

二、最大迁移距离对人口分布的影响

一般来说,迁移范围取决于最大迁移距离(MMD)的大小。为了验证 MMD 对人口分布的影响,选取 MMD 的三个典型值分别为 2、5 和 30 单位距离(元胞的个数)进行实验,图 3-4a)给出了 log-log 标度下交通小区的累计概率分布,横坐标为交通小区人口大小取 log 值,纵坐标是等级取 log 值,其中在左下角的小图表示累计概率的标准差。图 3-4b)给出了基尼系数随着

MMD 从 2 到 30 的变化。

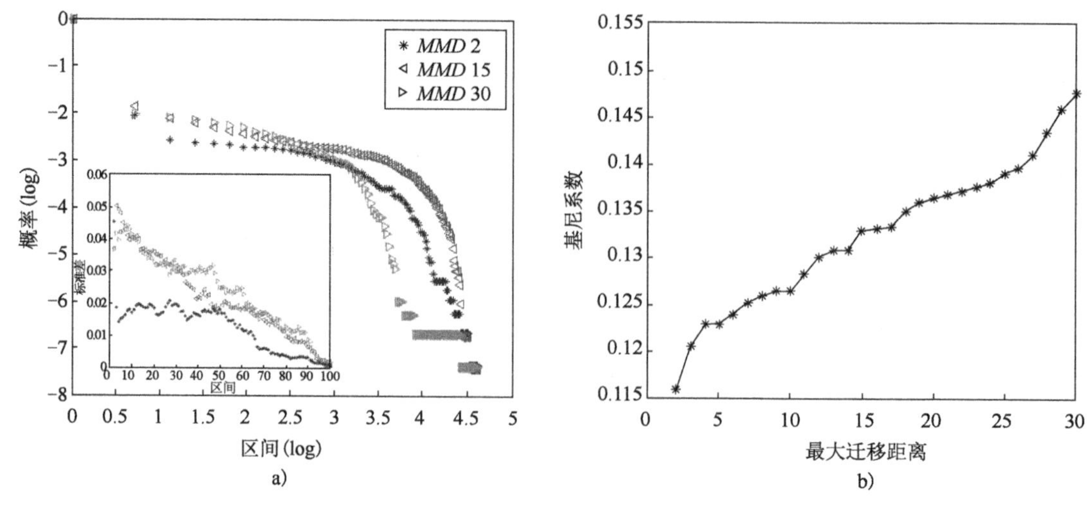

图 3-4 最大迁移距离的影响

如图 3-4a)所示,累计概率分布曲线随着 *MMD* 的增加逐渐趋近直线(当然和直线还有差别,其标准差分别是 10.6526、8.0385 和 7.0934)。*MMD* 值较高代表了人口会在更大范围内选择迁移位置,故人口迁移到高密度交通小区内的概率会增加,最终导致多数人口集中在少数高密度的交通小区内。根据基尼系数的定义,其值越大,人口分布会越集中。所以,图 3-4b)中基尼系数的曲线具有上升的趋势,表示人口分布随着 *MMD* 的增加逐渐趋于集中化。

三、迁移率对人口分布影响

迁移率(*MR*)反映了人口迁移概率的大小,其值越高表示越多的人口可能会进行移动。为了验证 *MR* 对人口迁移的影响,选择了三个典型的值:0.05、0.4 和 0.8(即 β = 0.05、0.4 和 0.8)进行实验,仿真结果如图 3-5 所示。图 3-5a)描述了交通小区的累计概率曲线随着 *MR* 的变化情况,其中左下角的小图表示累计概率的标准差。图 3-5b)表示随着 *MR* 从 0.05 增加到 0.8(变化区间是 0.05)时基尼系数的变化情况。正如图 3-5a)所示,累计概率曲线随着 *MR* 的增加逐渐趋近直线(标准差分别是 8.5565、5.2787 和 3.6522)。这种现象揭示了随着 *MR* 的增加,人口移动到其他交通小区的概率会逐渐增加,并且人口会选择高密度的交通小区作为目的地,所以大多数的人口会集中到少数的高密度的交通小区内。图 3-5b)表示基尼系数曲线具有上升的趋势,其同样说明人口随着 *MR* 的增大逐渐趋于集中化分布。

四、随机迁移参数对人口分布影响

随机迁移参数(*RMP*)值越大表示越多的人口会选择随机探索而不是偏好进行迁移。为了验证 *RMP* 对人口分布的影响,选择了三个典型的值:0.1、0.5 和 1.5(即 ρ = 0.1、0.5 和 1.5)进行实验,其实验结果如图 3-6a)所示,图中显示了 log-log 标度下交通小区的累计概率分布,横坐标为分区间交通小区人口大小取 log 值，纵坐标是等级取 log 值。图 3-6b）给出了基尼系数随着 *RMP* 从 0.1 增加到 1.9（变化区间为 0.1）的变化情况。

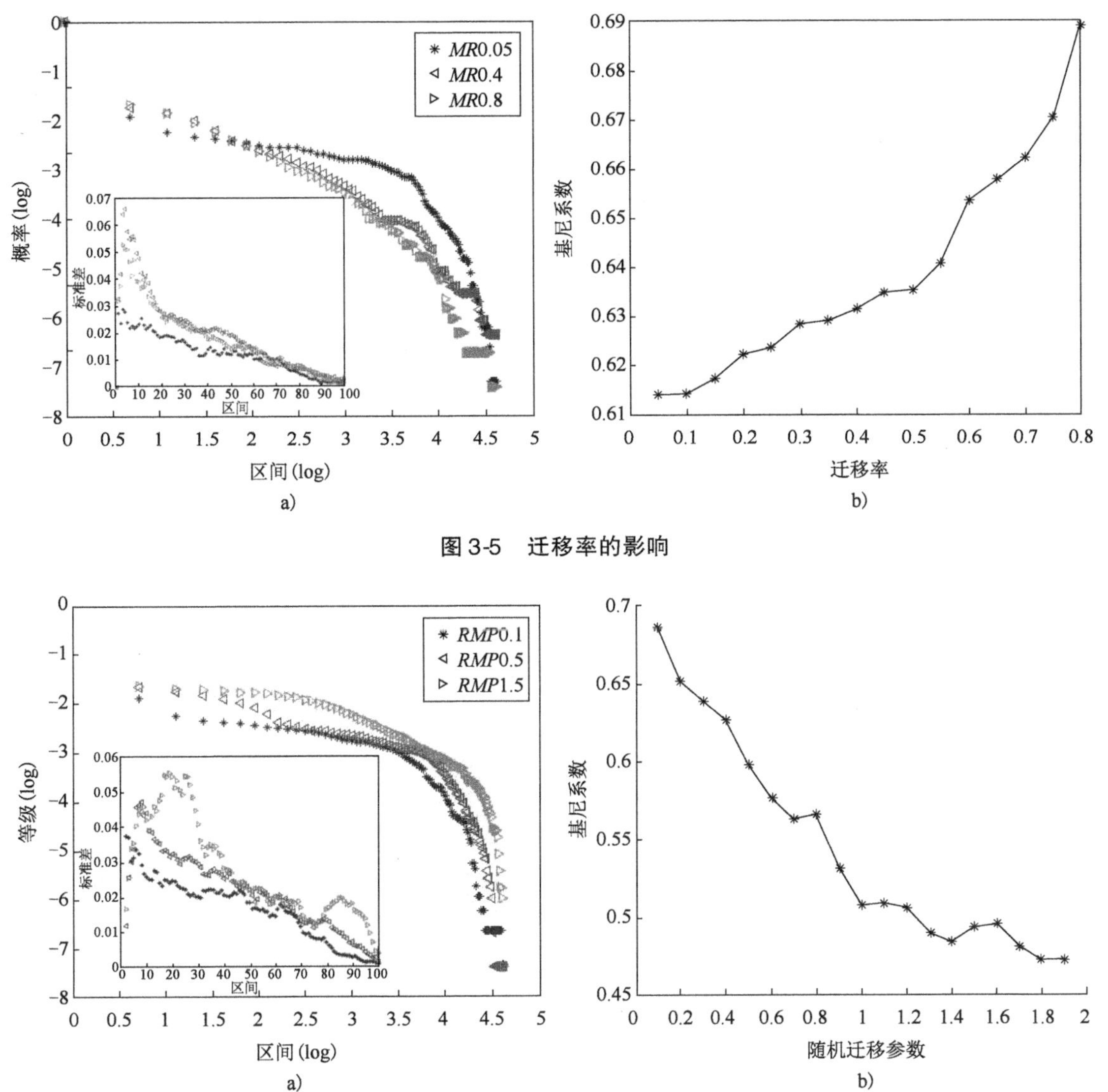

图 3-5　迁移率的影响

图 3-6　随机迁移参数的影响

如图 3-6a）所示，累计概率曲线随着 *RMP* 的增加逐渐趋近直线（标准差分别是 10.0476、9.0992 和 5.9926），并且 *RMP* 的值越大表示越多的人口选择随机探索，结果会导致人口分布趋于分散分布。图 3-6b）同样可以揭示这一结论，随着 *RMP* 的增加交通小区的基尼系数逐渐变小。

五、人口分布随迭代步数的变化

城市空间人口分布通常是一个动态的过程。演化过程中的复杂性随着增长步数的不同而不同。

图3-7a)描述了log-log标度下交通小区的累计概率分布,横坐标为分区间交通小区人口大小取log值,纵坐标是等级取log值。从图中可以看出,累计概率曲线随着迭代步数的增加趋于直线(标准差分别是:8.6225、8.2939和6.1644),这表示人口有集中化分布的趋势。图3-7a)左下角的小图表示累计概率的标准差。图3-7b)描述了基尼系数的变化情况,可以看出随着迭代步数的增加基尼系数呈现出不断增加的趋势。这些结果表示人口分布逐渐趋于集中化分布。

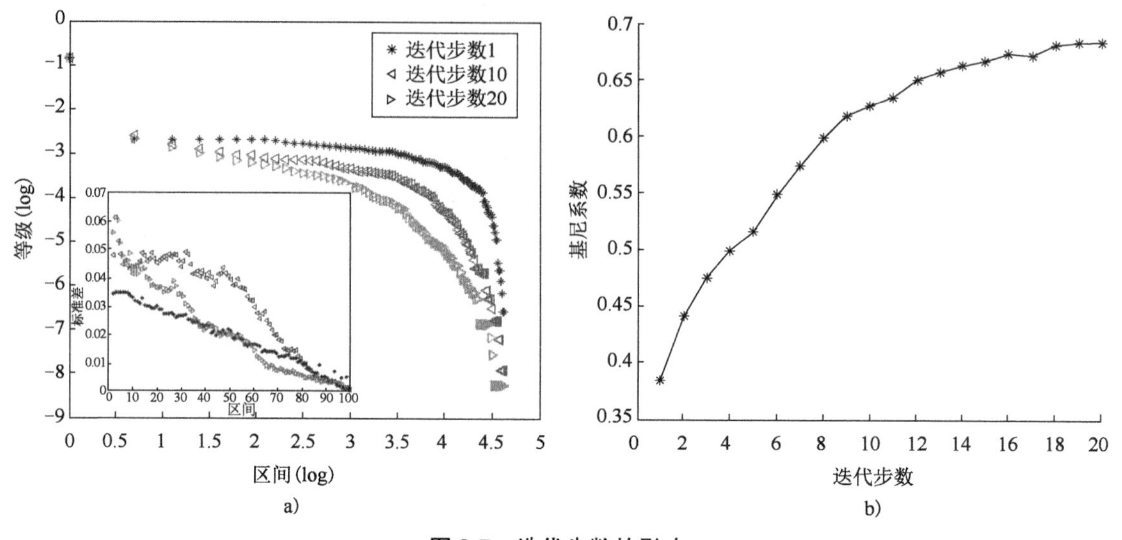

图3-7 迭代步数的影响

综上所述,多数的人口会通过偏好的方式迁移到高密度的交通小区,然而有少数的人会通过随机探索的方式迁移到低密度的交通小区。结果导致多数人口会集中在少数高密度交通小区内,少数人口分布在多数低密度交通小区。所以偏好机制会产生幂律分布。相反,模型中的随机探索会减弱偏好机制的影响。另外,其他的选择也可能导致同样的结果,例如只有偏好机制的人口移动。

第四节 本章小结

本章给出了一个考虑人口移动影响的城市人口分布演化动态模型,来预测城市扩张的空间模式。创新点如下:

首先,人口移动考虑偏好和随机探索的机制;

其次,考虑交通小区的承载力、最大迁移距离、迁移率、随机探索参数对城市人口演化的影响;

最后,研究了城市演化的中心化分布现象。

除此之外,本章利用累计概率分布和基尼系数来验证结论。得出如下结论:

(1)交通小区承载力(*CC*)越大,人口分布呈现出中心化分布的现象。

(2)*MMD* 的值越大,表示人口有很大的概率迁移到高密度的交通小区,人口同样呈现出中心化分布的现象。

(3)高密度交通小区的出现取决于偏好机制。*MR* 值越大,表示越多的人口会选择迁移。而偏好机制会降低人口迁移到高密度交通小区的概率。*RMP* 值越大,人口分布越分散。

本章参考文献

[1] GIMBLETT R, DANIEL T, CHERRY S, et al. The Simulation and Visualization of Complex Human-Environment Interactions[J]. Landscape and Urban Planning, 2001, 54(1-4):63-78.

[2] LIGTENBERG A, BREGT A K, VAN LAMMEREN R. Multi-actor-based Land Use Modeling: Spatial Planning Using Agents[J]. Landscape and Urban Planning, 2001, 54(4): 21-33.

[3] WEBER C. Interaction Model Application for Urban Planning[J]. Landscape and Urban Planning, 2003, 63(1):49-60.

[4] VÁZQUEZ A. Exact Results for the Barabási Model of Human Dynamics[J]. Physical Review Letters, 2005, 95(24):1-4.

[5] 郝庭帅. 当代社会生活的大数据化:困境与反思[J]. 社会发展研究, 2014(3):196-211.

[6] GONZÁLEZ M C, HIDALGO C A, BARABÁSI A L. Understanding Individual Human Mobility Patterns[J]. Nature, 2008, 453(7196): 779-782.

[7] XIE F, LEVINSON D M. Evolving Transportation Networks [M]. Springer, 2011.

[8] FRAGKIAS M, SETO K C. Evolving Rank-size Distributions of Intra-metropolitan Urban Clusters in South China[J]. Computers, Environment and Urban Systems, 2009, 33(3): 189-199.

[9] BATTY M, XIE Y, SUN Z. Modeling Urban Dynamics through GIS-based Cellular Automata[J]. Computers, Environment and Urban Systems, 1999, 23(3): 205-233.

[10] LI X, YEH A G. Modeling Sustainable Urban Development by the Integration of Constrained Cellular Automata and GIS[J]. International Journal of Geographical Information Science, 2000, 14(2):131-152.

[11] COUCLELIS H. From Cellular Automata to Urban Models: New Principles for Model Development and Implementation[J]. Environment and Planning B: Planning and Design, 1997, 24(2): 165-174.

[12] ITAMI R M. Simulation Spatial Dynamics: Cellular Automata Theory[J]. Landscape Urban and Planning, 1994, 30(1-2): 27-47.

[13] WHITE R, ENGELEN G. Cellular Automata and Fractal Urban Form: A Cellular Modeling Approach to Evolution of Urban Land-use Patterns[J]. Environment and Planning A, 1993, 25(8): 1175-1189.

[14] XIE Y C. A Generalized Model for Cellular Urban Dynamics[J]. Geographical Analysis, 1996, 28(4): 350-373.

[15] MANSURY Y, GULYÁS L. The Emergence of Zipf's Law in a System of Cities: An Agent-based Simulation Approach[J]. Journal of Economic Dynamics and Control, 2007, 31(7): 2438-2460.

[16] BENGGUIGUI L, BLUMENFELD-LIEBERTHAL E. A Dynamic Model for City Size Distribution beyond Zipf's Law[J]. Physica A: Statistical Mechanics and its Applications, 2007, 384(2): 613-627.

[17] BENGUIGUI L, BLUMENFELD-LIEBERTHAL E. Beyond the Power Law-A New Approach to Analyze City Size Distributions[J]. Computers, Environment and Urban Systems, 2007, 31(6): 648-666.

[18] BENGUIGUI L, BLUMENFELD-LIEBERTHAL E. The Temporal Evolution of the City Size Distribution[J].

Physica A: Statistical Mechanics and its Applications, 388(7): 1187-1195.

[19] BERRY J L B, OKULIZ-KOZARYN A. The City Size Distribution Debate: Resolution for US Urban Regions and Megalopolitan Areas[J]. Cities, 2012, 29(1): 17-23.

[20] CARLOS M U. A Simple and Efficient Test for Zipf's Law[J]. Economics Letters, 2000, 66(3), 257-260.

[21] HENDERSON J V, VENABLES A J. The Dynamics of City Formation[J]. Review of Economic Dynamics, 2009, 12(2): 233-254.

[22] LI L, SATO Y, ZHU H. Simulating Spatial Urban Expansion based on a Physical Process[J]. Landscape and Urban Planning, 2003, 64(1-2): 67-76.

[23] SCHELLING T C. Dynamic Models of Segregation[J]. The Journal of Mathematical Sociology, 1971, 1(2): 143-186.

[24] 杨少辉，马林，陈莎. 城市空间结构演化与城市交通的互动关系[J]. 城市交通，2009，7(5):45-48.

[25] 北京市规划委员会，北京市城市规划设计研究院，北京城市规划学会. 北京市城市规划图志(1949—2005)[R]. 北京:北京市城市规划设计研究院，2006.

[26] DAGANZO C F, BOUTHELIER F, SHEFFI Y. Multinomial Probit and Qualitative Choice: A Computationally Efficient Algorithm[J]. Transportation Science, 1977, 11(4): 338-358.

CHAPTER 4

第四章

基于人口分布的城市路网结构演化特性研究

城市人口分布会影响城市道路网络演化,特定的城市人口分布结构将会导致相应的城市道路网络结构。人口密度高的区域,交通需求相应就会高,从而导致路网的密度也会增加,反之,如果区域人口密度低,交通需求量会相对较低,路网密度会相对较小。总之,人口分布对城市道路网络拓扑结构的演化有很大的影响。本章主要研究城市人口分布对城市道路网络拓扑结构演化的影响机理,并建立人口分布影响下的城市路网演化模型。

第一节 引言

随着城市人口的增长,交通需求也随之增加。为缓解交通拥堵,政府部门正在加大对道路基础设施的投资。但是,什么样的基础设施建设投资是最好的,这个问题引起决策者极大的兴趣,也是城市道路网络设计中所要研究的,在过去几十年里该问题被认为是最困难和最具挑战的问题,对于网络设计问题(NDP)的研究,可以参考相关文献[1-9]。城市道路网络设计会导致网络拓扑结构的变化,什么样的城市道路网络拓扑结构能更加满足交通需求?这个问题是近几年来的研究热点之一。事实上,城市道路网络演化有很多特点,其在空间和时间上是一个复杂的演化过程,城市道路网络演化是一个循序渐进的形成过程。深入研究城市道路网络演化不仅能够揭示城市形成和演化的机理,也可为分析交通问题提供理论基础,其中,Xie 和 Levinson[10,11],Ducruet 和 Beauguitte[12]给出了一个城市道路网络演化的综合框架。对于城市道路网络演化的研究方法可以分为:优化[13]、动态系统[14-16]、经济理论[17]和仿真模拟[18-20]等。

除了研究方法的考虑,在最近十几年里,许多学者考虑了用一些机制来描述城市道路网络演化过程。这些机制包括:土地利用[9,21,22]、人口密度[23]、社会经济[21,31]和环境[32]等,在这些因素里,人口分布是考虑最多的,例如:Barthélemy 和 Flammini[24]提出了一个可以描述经济机制对人口分布和道路网络拓扑结构演化影响的模型。为了研究居住人口和工作人口对交通可达性的影响关系,Levinson 等[22]提出了土地利用和交通道路网络的互演化模型,之后 Levinson[17]又进一步研究了伦敦 19 世纪到 20 世纪人口分布和铁路网络的互相影响关系,发现人口密度和铁路网络密度之间是成正相关的。这些研究都说明了人口分布对城市道路网络的演化起着至关重要的作用。自然地,城市道路网络的扩张也是为了更好地服务于不断发生变化的城市人口分布。城市道路网络结构影响可达性从而可以决定不同区域的人口吸引力[24];反之,不同区域人口吸引力的变化也会对城市的人口分布产生影响。

在城市道路网络演化的研究中,区域可达性是一个需要考虑的重要因素。通常最小生成树(Minimum Spanning Tree,MST)[33]被用来仿真模拟道路网络,尽管如此,用最小生成树构造的道路网络可达性非常低,这是因为最小生成树没有环状路径[25]。为了改进道路网络的可达性并且避免太多的环状结构出现,一些学者引入了相对邻域图(Relative Neighbor Graph,RNG)[25-26]作为构造道路网络的新机制。事实上,MST 是 RNG 的子图,也就是说,RNG 比 MST 具有更高的可达性和少量的环状结构[27]。另外,基于 MST 的道路网络建设费用通常不是最低的[30]，为了减少道路网络结构的建设费用，最小 Steiner 树[30]被应用在道路网络构建中。利用最小 Steiner 树可以把已知点和新点用总长度最小的线连接起来[30]。然而，利用最小 Steiner 树来研究城市道路网络和人口分布的演化需要假定每一个区域人口是相等的[30]，实际上，每个区域的人口是不一样的，因此，不同区域人口对城市道路网络拓扑结构的影响也是不一样的，这也就意味着，每个区域的权重是不相同的。因此，为了克服这个不足，本章引入费马(Fermat-Webber)选址问题去研究城市道路网络和人口分布的演化。所谓费马选址问题，即可以找到欧式空间的一个点，从这个点到一些已知点的距离总和最小，其中已知点的权重是不同的。所以，基于上面的讨论，本章引入 RNG 和费马选址问题[28-29]来研究考虑人口分布的城市道路网络结构演化。

第二节 基于城市人口分布的路网结构演化模型

本节通过考虑人口分布和道路网络之间的互动关系给出一个道路网络演化的模型。在模型中，新区域的开发必定伴随着道路的修建，然而对于已开发的区域，人口密度越大越有可能建立新的道路[31]。同时，引入相对邻域图和费马选址问题作为道路连接机制来描述道路网络演化的特点。仿真实验结果展示了人口分布对道路网络演化的影响。此外，利用度分布、介数、覆盖度、环性和树性来描述道路网络的拓扑特性。仿真结果显示人口分布对道路网络的形状有很大的影响，并且会使网络表现出各种各样的路网结构[32-33]。

一、相关定义和假设

考虑一个连通道路网络 $G(V,A)$，表 4-1 给出的是本章中用到的变量和参数的定义。

参数和取值 表 4-1

符　号	定　义
V	不同区域的集合，$V=\{p_1,p_2,\cdots p_n\}$
A	道路网络的邻接矩阵，$A=\{a_{ij}\}$。当区域 i 和区域 j 之间有路时 $a_{ij}=1$，其他情况 $a_{ij}=0$
$B(y)$	路段通过的网格的数目，其中 y 为网格的边长
C_{ij}	区域 i 和区域 j 之间的道路建设费用
C_i	区域 i 和费马选址问题的最优点之间的道路建设费用
L_{ij}	区域 i 和区域 j 之间的欧式距离
α	单位道路建设费用
$D(u)$	网络的度分布，其中 u 表示点的度
$g(e)$	边 e 的边介数
$g(p)$	区域 p 的点介数

续上表

符　　号	定　　义
H_i	第 i 个交通小区的人口数目
$\mathbb{R}^m$	m 维欧式空间
$\mathbb{R}_+^m$	m 维非负欧式空间
n	空间$\mathbb{R}^m$ 中的交通小区数目
p,q,r	空间$\mathbb{R}^m$ 中的交通小区
p_i	$\mathbb{R}^m$ 上第 i 个交通小区,$i=1,2,\cdots,n$
p_0	费马选址问题的最优解
u_i	交通小区 i 的度
$\overline{U}$	网络的平均度
w_i	欧式空间$\mathbb{R}^m$ 第 $i(i=1,\cdots,n)$点的权重
$\phi_{circuit}$	网络的环性
ϕ_{tree}	网络的树性

假设 1:整个网络的人口增加包括自然增长和外来迁入两部分[34]。

假设 2:人口的动态移动过程分成两类:偏好和随机探索。偏好是指人们喜欢向人口密集的区域迁移,随机探索是指有少部分的人会随机选择区域进行迁移[34]。

假设 3:不是所有的区域都可以被开发。土地利用被分成三类:已开发区域(DA)、未开发区域(UA)和不能开发区域(NA)。DA 是指已经开发出来可以居住的区域,UA 是指还未开发但可以开发的区域,NA 是指因特殊用途(例如湖泊、公园和名胜古迹等)不可能开发的区域[34]。

假设 4:城市用网格来划分,每一个单元都表示一个区域。通过已经给定的概率,每一个单元被随机分配为 DA、UA 和 NA。

假设 5:根据当前城市的开发情况随机建设交通小区,同时根据交通小区的承载力迁入人口。当超过交通小区的承载力时,建立新的交通小区来容纳超出部分的人口。

基于上面的假设,图 4-1 给出了道路网络和人口分布的初始化状态,x 轴和 y 轴表示网格中不同区域的空间坐标,其中点颜色的深浅表示区域人口的密度的高低,颜色最深的点和颜色较浅的点分别表示 NA 和 DA。

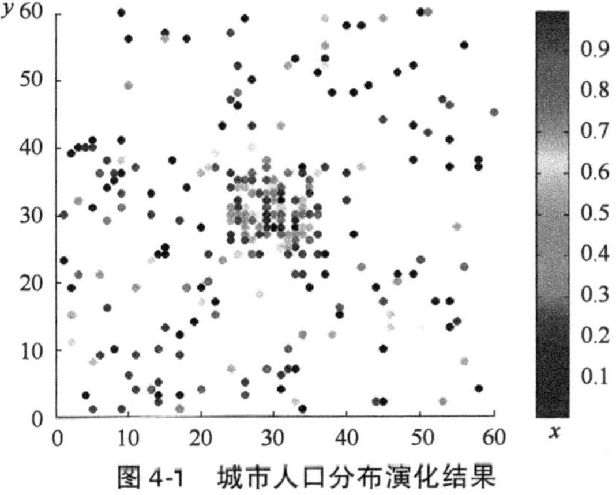

图 4-1　城市人口分布演化结果

二、城市道路网络演化

1. 模型1——不考虑人口因素的道路网络演化

一般来说，伴随着新区域的开发，新道路也需要建设。如果不考虑人口分布对道路建设的影响，道路的建设费用与道路的长度成正比。假设区域 i 至区域 j 的道路建设费用为 $C_{ij}=\alpha L_{ij}$。不失一般性，假设 α 为1。为了给出“相对邻居”的概念，引入两个点的“lune”的概念。点 p 和 q 的“lune”定义为满足 $\{z\in\Re^m : d(p,z)<d(p,q), d(q,z)<d(p,q)\}$ 的点集，如图4-2所示。如果在两点 p 和 q 的“lune”内不存在任意其他点，那么这两点互为“相对邻居”。

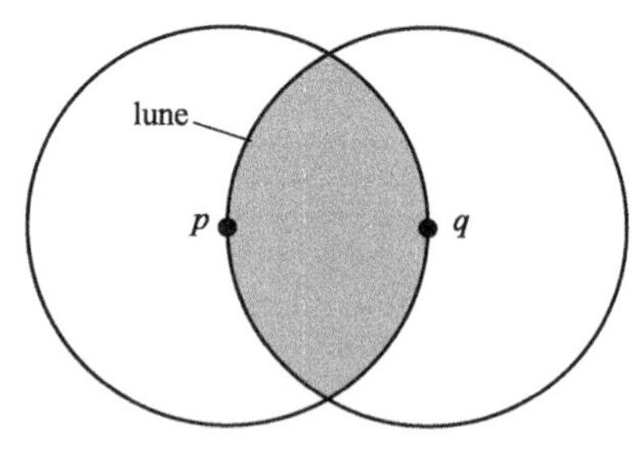

图4-2 “lune”示意图

通过上面的定义，不考虑人口分布影响的道路网络演化过程可以描述为以下步骤。

步骤1：初始化。令总迭代步数为 K、初始化迭代步数为 $k=1$。基于RNG方法初始化道路网络，如图4-3所示。图4-3a）和图4-3b）分别给出了单中心和两个中心的初始化道路网络，x、y 轴表示网格上不同区域的空间坐标。

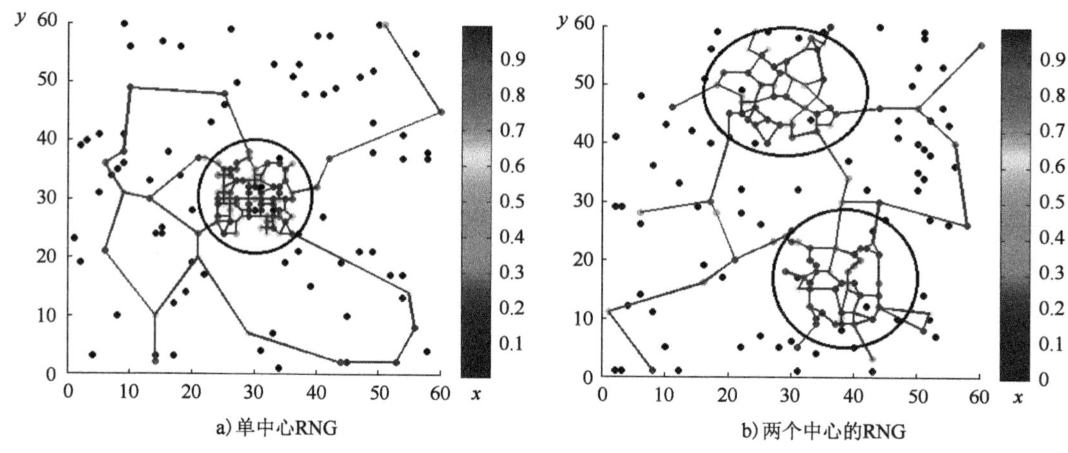

图4-3 初始化道路网络

步骤2：新区域的开发和道路的建设。在每一个新区域通过给定的概率随机建设。除此之外，新区域与已有区域的连接通过以下规则来建立。

如果只有一个新建设区域，需要计算两个建设费用：一个是新建区域和它的相对邻居之间的建设费用，记作 C_1；另一个是新区域与最近路段的费用，记作 C_2。

如果新建设区域有两个或两个以上，并且它们有不同的相对邻居，对于每一个新建区域分别计算费用 C_1 和 C_2。如果 $C_1>C_2$，则都连接到它们最近的路段上。否则，连接到它们各自的相对邻居上。

如果新建区域有两个或两个以上，并且它们有相同的相对邻居 q，对每一个新建区域计算建设费用 C_1 和 C_2。如果 $C_1>C_2$，新建区域连接到它们各自最近路段上；如果 $C_1\leqslant C_2$，利用费马选址问题来求解，最优点 p_0 满足下面的条件：

$$f(p_0) = \min f(x) = \min \sum_{i=1}^{n} \| x - p_i \| \tag{4-1}$$

之后，把新建区域和它们的相对邻居 q 连接到最优点 p_0。

步骤3：如果 $k > K$，停止。否则，令 $k = k + 1$，返回步骤2。

图4-4给出了不考虑人口分布的道路网络演化的流程图。

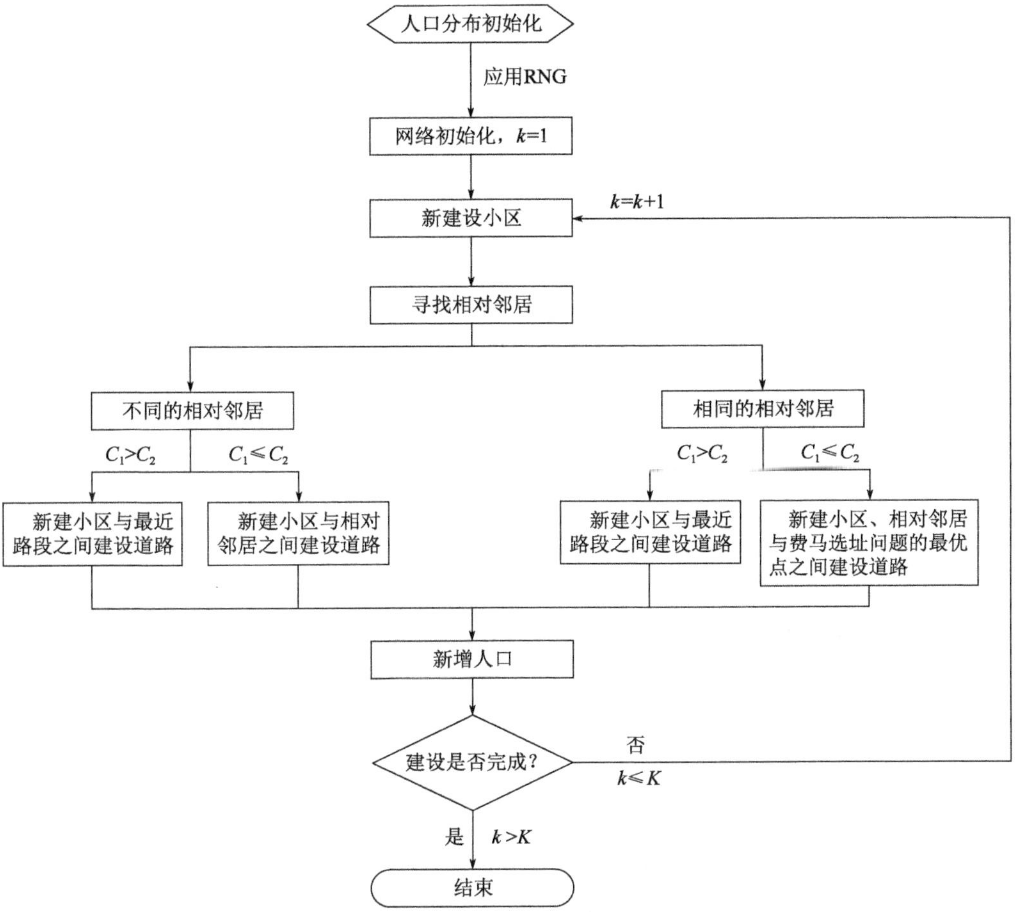

人口分布初始化

应用RNG

网络初始化，k=1

新建设小区

k=k+1

寻找相对邻居

不同的相对邻居

相同的相对邻居

$C_1>C_2$

$C_1 \leqslant C_2$

$C_1>C_2$

$C_1 \leqslant C_2$

新建小区与最近路段之间建设道路

新建小区与相对邻居之间建设道路

新建小区与最近路段之间建设道路

新建小区、相对邻居与费马选址问题的最优点之间建设道路

新增人口

建设是否完成？

否

$k \leqslant K$

是

$k>K$

结束

图4-4　不考虑人口分布的道路网络演化流程图

2. 模型2——人口驱动的道路网络演化

实际上，人口分布对道路网络演化有很重要的影响。例如，具有高密度人口的区域会有方便的交通条件，因此这些区域的可达性也相对较高。本书中，假设高密度区域比低密度区域更有可能与新建区域建立连接。图4-5给出了一个简单例子，点 p 和 q 是两个已存在的区域，点 r 是新建的区域。假设 $L_{pr} = L_{qr} = L$，并且 $H_p > H_q$，根据假设2，选择区域 p 与新建设区域 r 建立连接。

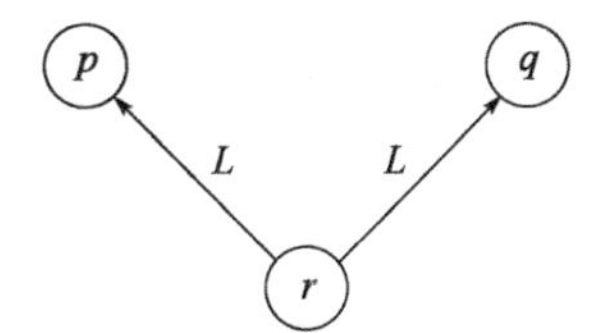

图4-5　新建路的示意图

在不考虑人口分布对道路网络演化影响的模型中，两个区域 i 和 j 之间的建设费用只与它们之间的欧式距离成正比，即 $C_{ij}=\alpha L_{ij}$。考虑人口分布对道路网络的影响，区域 i 和 j 之间的建设费用可以表示如下：

$$C_{ij}=\beta_1 L_{ij}-\beta_2(H_i+H_j),\beta_1>0,\beta_2>0 \tag{4-2}$$

其中，β_1 和 β_2 是两个正参数。从式(4-2)可以看出，C_{ij}与道路长度成正相关，与人口分布呈负相关关系。需要注意的是 $C_{ij}>0$，这意味着$\frac{\beta_1}{\beta_2}>\frac{H_i+H_j}{L_{ij}}$。

式(4-2)的特殊情况是路段只有一侧连接区域，另一侧连接到路段上，其简化为 $C_i=\beta_1 L_i-\beta_2 H_i$。可以看出人口驱动的道路网络演化模型，当参数 $\beta_2\to 0$ 时，退化成不考虑人口分布的道路网络演化模型。

在考虑人口分布的道路网演化情况下，费马选址问题的最优点满足如下条件：

$$f(p_0)=\min f(x)=\min\sum_{i=1}^{n}C_i\|x-p_i\|_2 \tag{4-3}$$

其中，$\|x-p_i\|_2$ 表示点 x 和 p_i 的欧式距离。最优点 p_0 可以通过下面的启发式算法找出[28]：

$$p_0^{k+1}=T(p_0^k)=\frac{1}{\sum_{i=1}^{n}\frac{C_i}{\|p_0^k-p_i\|_2}}\sum_{i=1}^{m}\frac{C_i}{\|p_0^k-p_i\|_2}p_i \tag{4-4}$$

将 $C_i=\beta_1 L_i-\beta_2 H_i$ 和 $L_i=\|p_0^k-p_i\|_2$ 代入公式(4-4)：

$$p_0^{k+1}=T(p_0^k)=\frac{\beta_1\sum_{i=1}^{n}p_i+\beta_2\sum_{i=1}^{n}\frac{H_i p_i}{\|p_0^k-p_i\|_2}}{\beta_1 n+\beta_2\sum_{i=1}^{n}\frac{H_i}{\|p_0^k-p_i\|_2}} \tag{4-5}$$

如上面提到的，当 $k\to\infty$时，$p_0^k\to p_0$。公式(4-5)可以写成：

$$p_0=T(p_0)=\frac{\beta_1\sum_{i=1}^{n}p_i+\beta_2\sum_{i=1}^{n}\frac{H_i p_i}{\|p_0-p_i\|_2}}{\beta_1 n+\beta_2\sum_{i=1}^{n}\frac{H_i}{\|p_0-p_i\|_2}},p_0\in\mathbb{R}_+^m \tag{4-6}$$

式(4-6)变成一个不动点问题。因为集合$\mathbb{R}_+^m$是一个紧集，并且 $T(p_0)$是关于 p_0 的一个连续函数，通过 Brouwer 定点理论，公式(4-6)至少存在一个解[35]。所以通过解不动点问题，式(4-6)得到一个解 p_0。值得注意的是，由于映射 T 雅克比矩阵 $J_{p_0}T(p_0)$对于$\mathbb{R}_+^n$的任一点 p_0 并不总是正定的，那么式(4-6)中的映射 T 并不能保证严格单调，所以解的唯一性并不能得到保证。因此，模型 1 中的演化过程同样可以应用到模型 2 的演化过程中，不同之处是模型 1 中 RNG 和相对邻居是基于欧式距离的，而模型 2 则是基于式(4-2)的。

第三节 模拟结果及分析

本节给出的仿真结果有两个方面的目的：①给出考虑和不考虑人口分布的道路网络的有

效性;②证明模型 2 中考虑人口分布的道路网络演化比模型 1 中不考虑人口分布的道路网络演化有优势。假设一个城市拥有 60×60 的区域,DA、UA 和 NA 的数目分别是 100、2780 和 720,也就是有 20%(=60×60/720)是 NA。初始化人口数目是 50000[$H_i(0)=50000$],并且人口会通过自然增长和外来迁入增加[34]。总迭代步数 $K=20$。

一、人口驱动的道路网络演化模拟

图 4-6 给出了不考虑人口分布和考虑人口分布的城市道路网络演化的拓扑结构,其中图 4-6a)表示不考虑人口分布的道路网络演化结果,这种情况下城市道路网络演化只考虑欧式距离作为建设费用的影响因素。图 4-6b)~d)给出了考虑人口分布的城市道路网络演化结果,这种情况下建设费用同时考虑了人口分布和欧式距离双重因素。从图 4-6b)~d)可以看出,伴随着参数 β_2 的增加,城市道路网络的拓扑结构在发生变化。当参数 β_2 很小时,城市道路网络结构[图 4-6b)]近似于不考虑人口分布的道路网络演化结果。这说明了当 $\beta_2 \to 0$ 时,考虑人口分布的城市道路网络演化退化成不考虑人口分布的城市道路网络演化。随着参数 β_2 值的增大,可以看到有小的中心开始出现[图 4-6c)],当 β_2 的值继续增大时,会发现更大的中心产生[图 4-6d)]。通过式(4-2)可以知道,随着参数 β_2 值的增大,连接到人口集中区域的道路会越多。

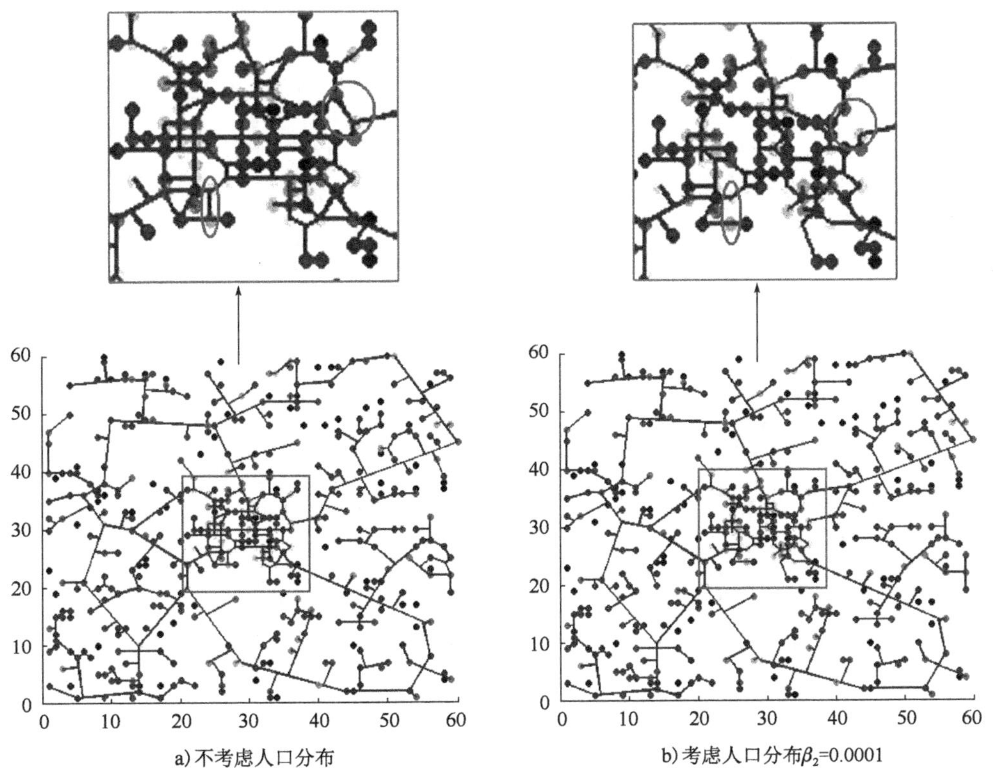

a)不考虑人口分布　　b)考虑人口分布β_2=0.0001

图　4-6

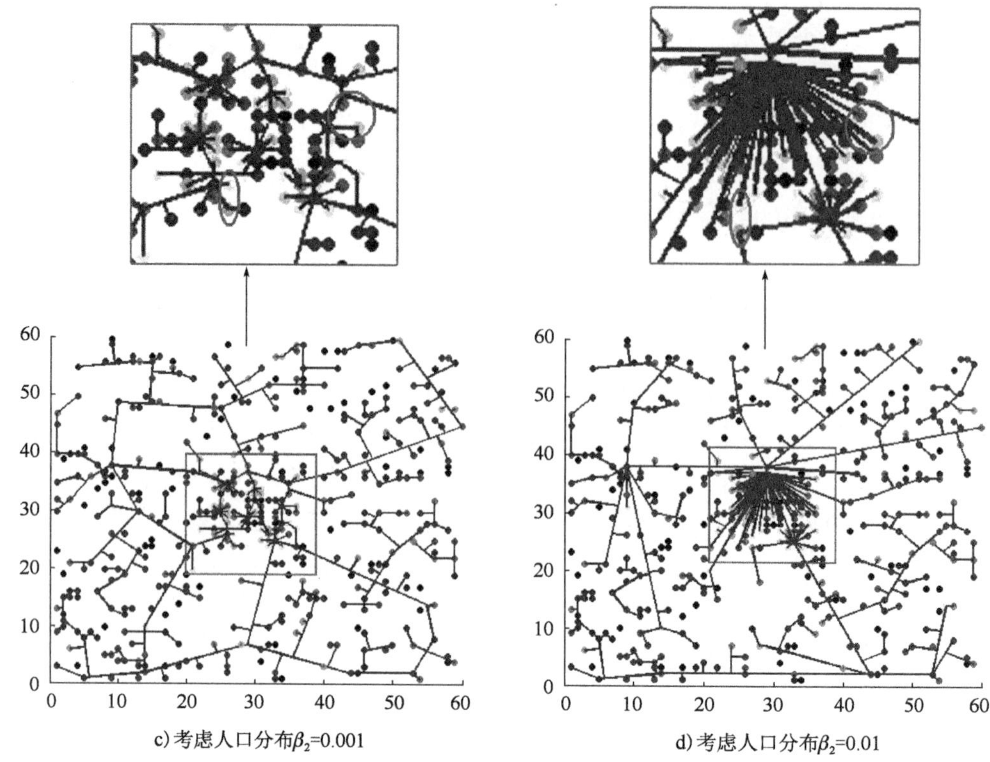

c)考虑人口分布β_2=0.001　　d)考虑人口分布β_2=0.01

图 4-6　不考虑人口分布和考虑人口分布的道路网络拓扑结构

如图 4-6d)所示,道路网络的最大节点度非常大,尽管如此,现实中道路网络的最大节点度不会超过 4(或者 6),图 4-7 给出了考虑人口分布影响并且带有度约束(最大节点度是 6)的城市道路网络拓扑结构。图 4-7 中的道路网络拓扑结构更加符合现实情况。

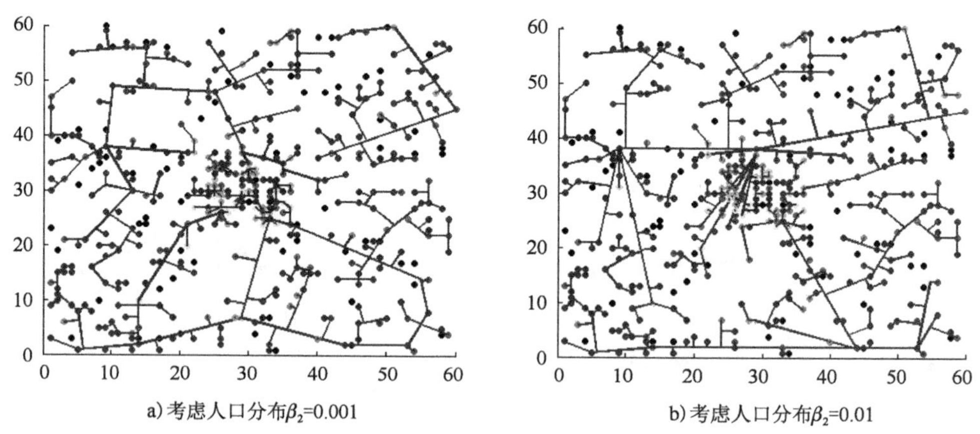

a)考虑人口分布β_2=0.001　　b)考虑人口分布β_2=0.01

图 4-7　考虑人口分布影响并带有度约束的道路网络拓扑结构

二、度分布模拟

图 4-8 给出了不考虑人口分布和考虑人口分布的道路网络结构度分布情况。从图 4-8a)可以看出,不考虑人口分布的情况下,只有四种度的类型(分别是 1、2、3 和 4),并且度是 1 的节点比例最高,度是 4 的节点比例最低。另一方面,图 4-8b) ~ d)清楚地描述了节点度随参数的变化情况:当考虑人口分布的情况下,最大节点度随着参数 β_2 的增加而增大,但是有一个共同的特点就是度为 1 的节点所占的比例是最大的。这是因为在考虑人口分布的情况下,虽然具有不同度的中心会不断产生,但是叶子节点也会不断产生而且产生的度很高。

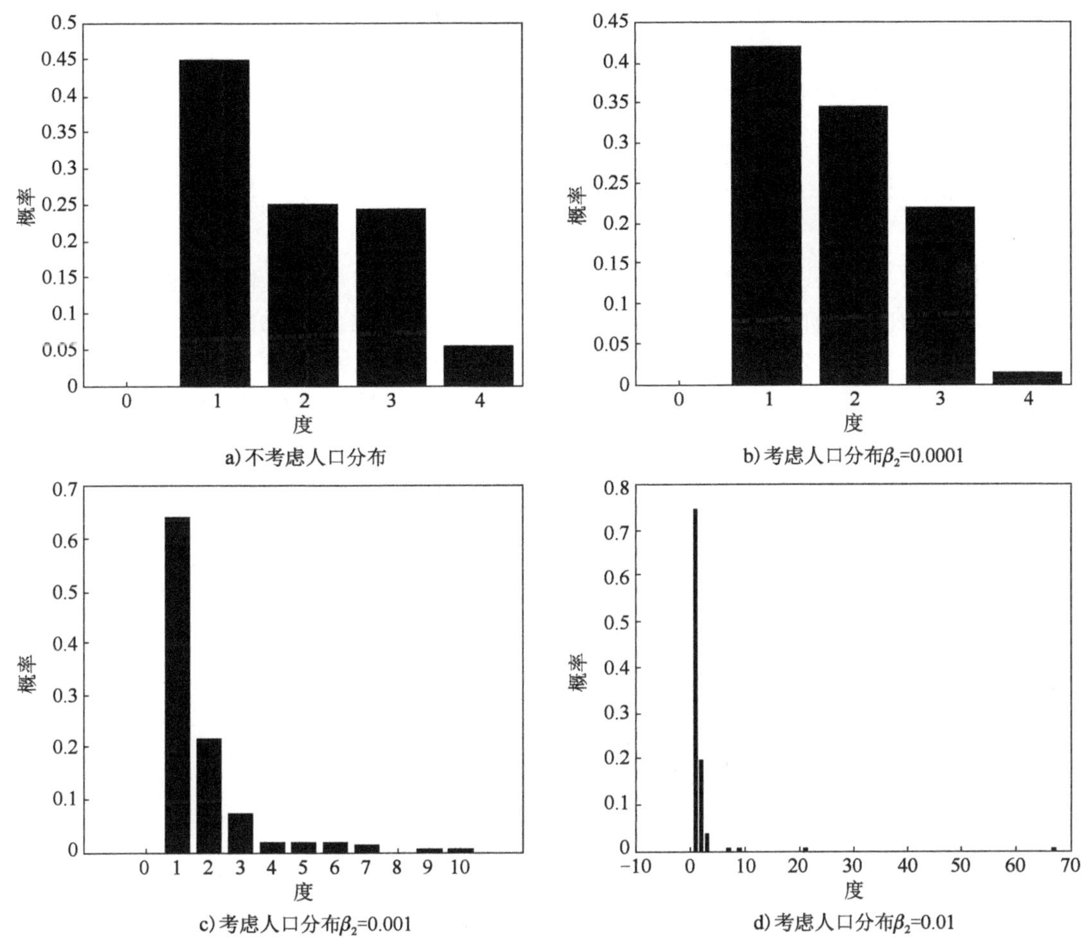

图 4-8 不考虑人口分布和考虑人口分布的道路网络结构度分布

平均度分布是描述网络结构特征的一个重要度量指标[35],图 4-9 给出了随着迭代步数的增加网络的平均度变化情况,可以看出不论是否考虑人口分布,网络的平均度都会单调递减,然而考虑人口分布的网络平均度始终比不考虑人口分布的网络平均度低,这是因为叶子节点的数目会不断增加,考虑人口分布的情况会产生度高的节点。

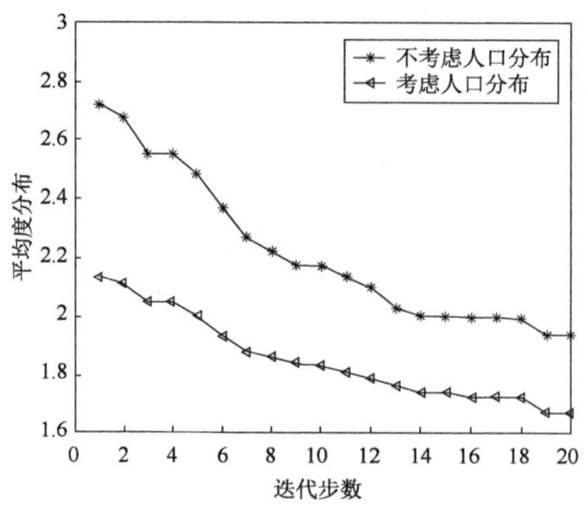

图 4-9　不考虑人口分布和考虑人口分布情况下的平均度的变化情况

三、介数模拟

图 4-10 给出了不考虑人口分布和考虑人口分布的道路网络点介数和边介数的变化情况。从图中可以看出，在开始阶段，考虑人口分布的道路网络点介数（或边介数）都比不考虑人口分布的道路网络点介数（或边介数）要大，随着节点（或边）的增加，考虑人口分布的道路网络点介数（或边介数）比不考虑人口分布的道路网络点介数下降要快，这是因为考虑人口分布的情况下，更多的区域会和同一个区域连接，从而会产生中心区域（度高的点）。因此，一些道路使用会比较频繁，相对地一些道路会很少使用，这样就会产生介数比较小的点（或边）。

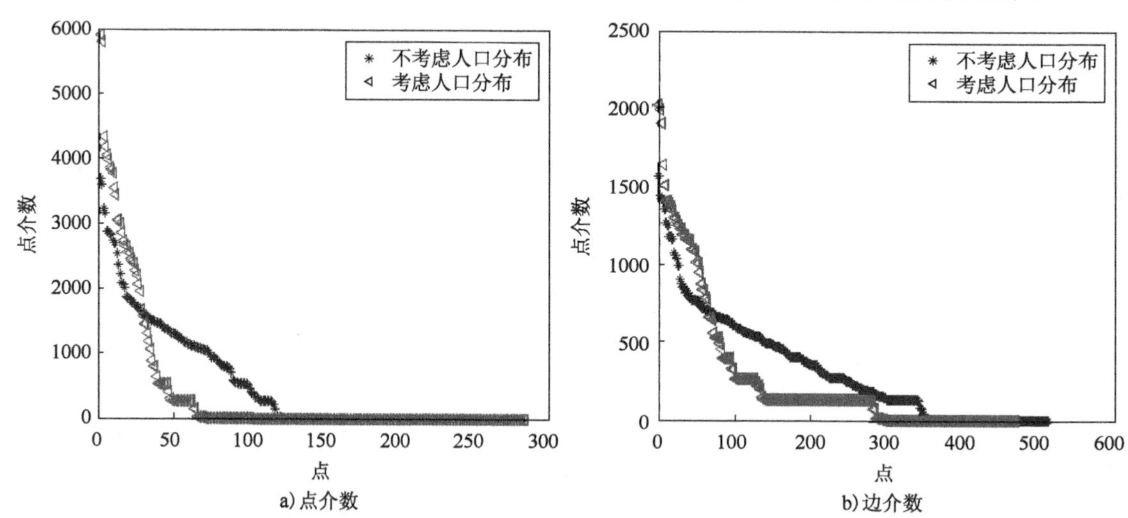

图 4-10　不考虑人口分布和考虑人口分布情况下点介数和边介数

接下来，对道路网络演化的分级结构进行分析，利用边介数来反映交通流量。首先，计算道路网络中所有路段的边介数，把所有的边介数分成五个等级，并且在图中用不同粗细的线段表示。由图4-11中可以看出，中心区域的线段比较粗，越到边缘线段变细，这说明接近中心区域的位置道路承载力和道路等级要高，随着与中心的距离越远，道路的承载力与道路等级也越低。

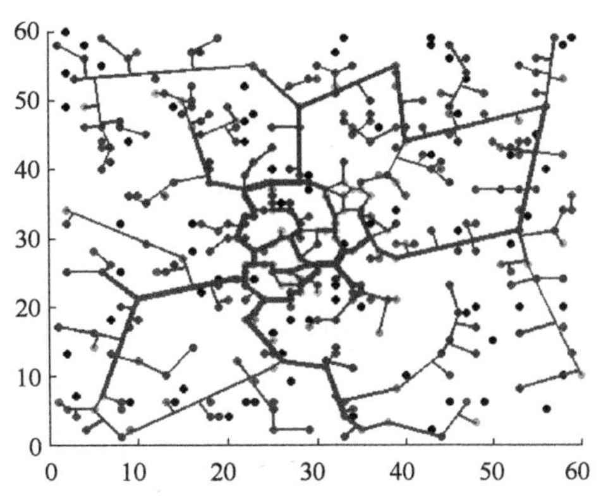

图4-11　考虑人口分布的道路网络等级结构

四、环性和树性模拟

环性和树性的大小反映了道路结构更接近环状结构还是树状结构。图4-12分析了不考虑人口分布和考虑人口分布的道路网络的环性和树性演化结果。

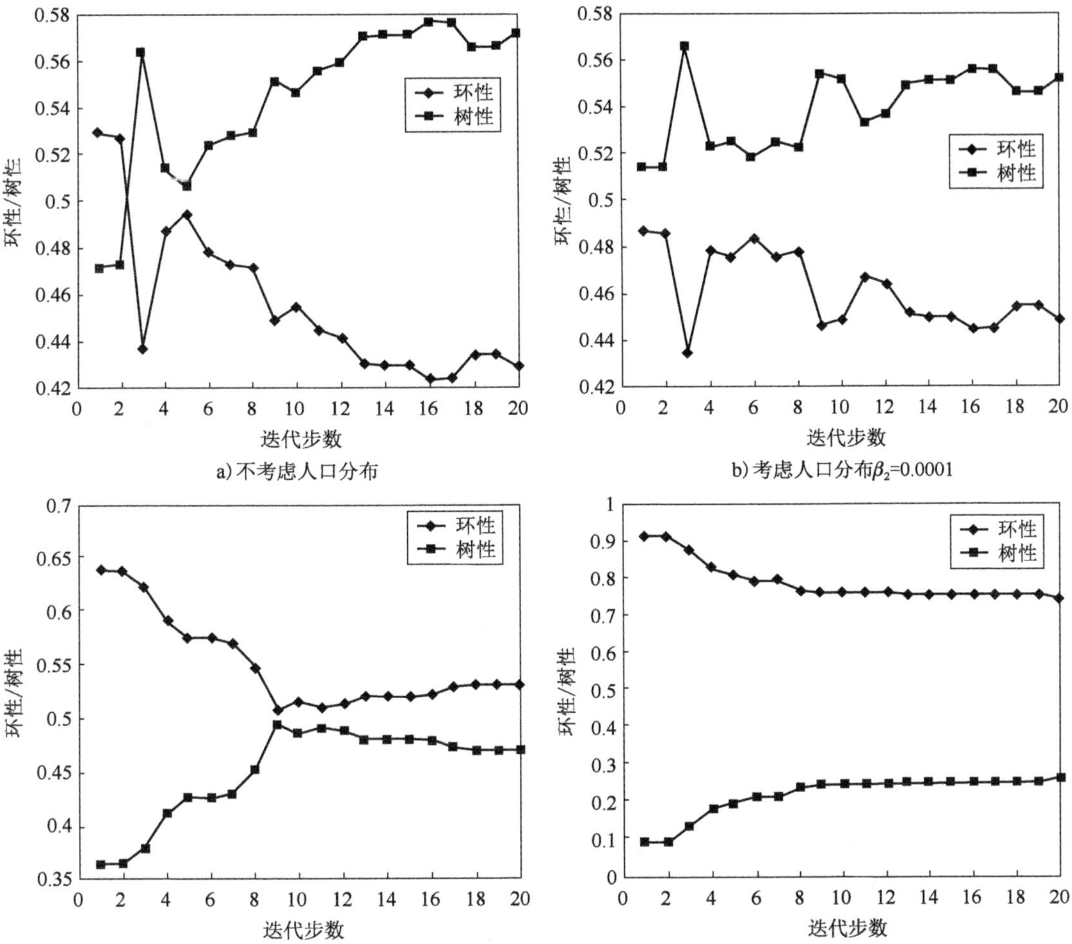

环性/树性
环性
树性
迭代步数

a) 不考虑人口分布

b) 考虑人口分布β_2=0.0001

c) 考虑人口分布β_2=0.001

d) 考虑人口分布β_2=0.01

图4-12　不考虑和考虑人口分布影响下的环性和树性的变化情况

图4-12a)给出了不考虑人口分布的情况下，环性和树性最初阶段波动性增长，当第5步以

后环性下降、树性增加，而且树性始终大于环性，这意味着在不考虑人口分布的情况下，城市道路网络拓扑结构表现出树性结构要多于环性结构。图 4-12b)～d)给出了考虑人口分布情况不同参数值下，城市路网的环性和树性变化情况。当参数的值很小时[图 4-12b)]，结果类似于图 4-12a)的结果，随着参数值的增大，网络结构逐渐趋近于环性结构。当参数值很大时[图 4-12d)]，网络结构是很明显的环性结构。这些结果说明，考虑人口因素情况下的路网结构会比不考虑人口情况下的路网结构更趋近于环性结构，这意味着考虑人口因素情况产生的路网结构更加可靠。

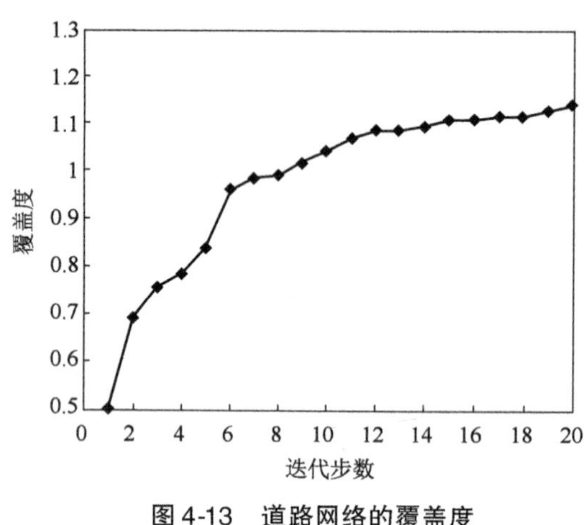

图 4-13 道路网络的覆盖度

五、覆盖度模拟

覆盖度是衡量道路网络结构分布均匀程度的指标。图 4-13 给出了考虑人口分布情况下的网络覆盖度演化结果。从图中可以看出，随着迭代步数的增加城市道路网络的覆盖度是逐渐增加的，它的值从第 1 步的 0.6 增加到第 20 步的 1.3。从覆盖度的变化情况可以看出，随着人口的增加，城市道路网络结构分布变得更加均匀。

第四节 本章小结

本章提出了一个考虑人口分布的城市道路网络动态演化模型。模型中的迭代过程描述成：随着人口的增长和新区域和新道路的开发。城市路网用相对邻域图来表示，新建道路应用费马选址问题来确定。仿真实验给出了所提模型的主要特性，具体地说，利用度分布、介数、覆盖度、环性和树性等度量指标来分析人口分布对道路网络演化的影响。结果显示，考虑人口分布因素的道路网络演化结果的可达性和均匀性比较好。

本章参考文献

[1] YANG H, BELL M G H. Models and algorithms for road network design: a review and some new developments [J]. Transportation Reviews, 1998, 18(3): 257-278.

[2] BOYCE D E. Urban Transportation Network Equilibrium and Design Models: Recent Achievements and Future Prospects[J]. Environment and Planning A, 1984, 16(11): 1445-1474.

[3] MAGNANTI T L, WONG R T. Network Design and Transportation Planning: Models and Algorithms[J]. Transportation Science, 1984, 18(1): 1-15.

[4] FRIESZ T L. Transportation Network Equilibrium, Design and Aggregation: Key Development and Research Opportunities[J]. Transportation Research Part A, 1985, 19(5-6): 413-427.

] MIGDALAS A. Bilevel Programming in Traffic Planning: Models, Methods and Challenge[J]. Journal of Global Optimization, 1995, 7(4): 381-405.

6] CHEN A, ZHOU Z, CHOOTINAN P, et al. Transportation Network Design Problem under Uncertainty: A Review and New Developments[J]. Transportation Review, 2011, 31(6): 743-768.

7] ZANJIRANI F R, MIANDOABCHI E, SZETO W Y, et al. A Review of Urban Transportation Network Design Problems[J]. European Journal of Operational Research, 2013, 229(2): 281-302.

[8] SZETO W Y, JIANG Y, WANG D Z W, et al. A Sustainable Road Network Design Problem with Land Use Transportation Interaction over Time[J]. Network Spatial and Economics, 2015, 15(3): 791-822.

[9] LI T F, WU J J, SUN H J, et al. Integrated Co-evolution Model of Land Use and Traffic Network Design[J]. Network Spatial and Economics, 2015, DOI 10.1007/s11067-015-9289-3.

[10] XIE F, LEVINSON D M. Evolving Transportation Networks [M]. New York: Springer, 2011.

[11] XIE F, LEVINSON D M. Modeling the Growth of Transportation Networks: A Comprehensive Review[J]. Network Spatial and Economics, 2009, 9(3): 291-307.

[12] DUCRUET C, BEAUGUITTEL. Spatial Science and Network Science: Review and Outcomes of a Complex Relationship[J]. Network Spatial and Economics, 2014, 14(3): 297-316.

[13] SCHWEITZER F, EBELING W, ROSE H,et al. Optimization of Road Networks using Evolutionary Strategies [J]. Evolutionary Computation, 1997, 5(4): 419-438.

[14] COURTAT T, GLOAGUEN C, DOUADY S. Mathematics and Morphogenesis of the City, A Geometrical Approach[J]. Physical Review E, 2011, 83:036106.

[15] MAHESHWARI P, KHADDAR R, KACHROO P, et al. Dynamic Modeling of Performance Indices for Planning of Sustainable Transportation Systems[J]. Network Spatial and Economics, 2016, 16(1): 371-393.

[16] ZHANG W Y, GUAN W, MA J H, et al. A Nonlinear Pairwise Swapping Dynamics to Model the Selfish Rerouting Evolutionary Game[J]. Network Spatial and Economics, 2015, 15(4): 1075-1092.

[17] LEVINSON D M. Density and Dispersion: The Co-Development of Land Use and Rail in London[J]. Journal of Economics Geography, 2008, 8(1): 55-77.

[18] ALBERTI M, WADDELL P. An Integrated Urban Development and Ecological Simulation Model[J]. Integr Assessment, 2000, 1(3):215-227.

[19] YAMINS D, RASMUSSEN S, FOGEL D. Growing Urban Networks[J]. Networks and Spatial Economics, 2003, 3(1): 69-85.

[20] FIGUEIREDO L, MACHADO J A T. Simulation and Dynamics of Freeway Traffic[J]. Nonlinear Dynamics, 2007, 49(4): 567-577.

[21] LEVINSON D M, YERRA B M. Self-Organization of Surface Transportation Networks[J]. Transportation Science, 2006, 40(2): 179-188.

[22] LEVISON D M, XIE F, ZHU S J. The Co-evolution of Land Use and Road Networks[C]. Proceeding 17th International Symposium on Transportation and Traffic Theory, 2007, 111-126: 839-859.

[23] BARTHÉLEMY M, FLAMMINI A. Modeling Urban Street Patterns[J]. Physical Review Letter, 2008, 100 (13): 138702.

[24] BARTHÉLEMY M, FLAMMINI A. Co-evolution of Density and Topology in a Simple Model of City Formation [J]. Networks and Spatial Economics, 2009, 9(3): 401-425.

[25] TOUSSAINT G T. The Relative Neighbourhood Graph of a Finite Planar Set[J]. Pattern Recognition, 1980, 12(4):261-268.

[26] SUPOWIT K J. The Relative Neighborhood Graph with an Application to Minimum spanning Trees[J]. Journal

of the Association for Computing Machinery, 1983, 30(3): 428-448.

[27] JAROMCZYK J W, TOUSSAINT G T. Relative Neighborhood Graphs and Their Relatives[C]. Proceedings the IEEE, 1992, 80 (9):1502-1517.

[28] WEISZFELD E. Sur le point pour lequel la somme des distances de n points donnés est minimum[J]. Tôhoku Mathematics Journal, 1937, 43, 355-386.

[29] VARDI Y, ZHANG C H. A Modified Weiszfeld Algorithm for the Fermat-Weber Location Problem[J]. Mathem Program, 2001, 90(3): 559-566.

[30] HWANG F K, RICHARDS D S. Steiner Tree Problems[J]. Networks, 1992, 22(10): 55-89.

[31] YANG H, HUANG H J. Principle of Marginal-cost Pricing: How does it Work in a General Road Network [J]. Transportation Research Part A, 1998, 32(1): 45-54.

[32] HANDY S, CAO X, MOKHTARIAN P. Correlation or Causality between the Built Environment and Travel Behavior? Evidence from Northern California[J]. Transportation Research Part D, 2005, 10(6): 427-444.

[33] KARGER D R, KLEIN P N, TARJAN R E. A Randomized Linear-time Algorithm to Find Minimum Spanning Trees[J]. Journal of the Association for Computing Machinery, 1995, 42(2): 321-328.

[34] ZHAO F X, WU J J, SUN H J, et al. Role of Human Moving on City Spatial Evolution [J]. Physica A: Statistical Mechanics and its Applications, 2015, 419: 642-650.

[35] ZHOU T, YAN G, WANG B H. Maximal Planar Networks with Large Clustering Coefficient and Power-law Degree Distribution[J]. Physical Review E, 2005, 71(4): 046141.

CHAPTER 5

第五章

考虑投资和交通设施承载力的城市路网结构演化特性研究

上一章中主要研究了基于人口分布的城市路网结构演化的特性，然而在现实中，影响路网结构的因素除了人口分布以外，还有如投资，承载力等其他因素。本章将研究考虑投资和交通设施承载力的城市路网结构的演化特性。

第一节　引言

随着经济快速增长，一方面我国的城镇化进程在不断加快，城市已经成为承载经济发展的中心；另一方面城市人口高度集聚，人们在享受城市化带来便利的同时也在改变城市的平衡，城市发展超越了城市的承载力，直接导致城市综合功能及效益的日益下降，甚至诱发经济社会发展与城市生态环境系统的尖锐矛盾。在城市交通领域中，随着城市机动车数量不断增加，交通拥堵程度日渐加剧，交通负荷已经逐渐超越了城市对交通的承载能力，从而引发越来越严重的城市社会生活和环境问题。为从一定程度缓解交通拥堵等一系列问题，政府决策部门通常采取加大投资来提高交通网络的承载力。然而，这种投资决策势必会影响交通网络的结构。可见，交通承载力和道路投资是影响路网结构的两个重要因素。

近年来，城市交通承载力和投资决策对路网结构的影响问题越来越受到国内外学者的关注。例如李振福等[1]通过应用系统工程中的 PS 多目标决策方法，研究了城市交通系统的承载力；侯德劭[2]深入研究交通承载力，将交通承载力划分为交通设施承载力和交通环境承载力，并构建了交通承载力的评价体系；詹歆晔等[3]以机动车在驶量(Vehicle on Road，VOR)为标准，提出了由燃油供给、路网资源和大气环境组成的交通承载力宏观定量模型，并实证研究了北京市城区的交通承载力；吴建军[4]分析了不同拓扑结构下的城市路网承载力，并提出了最优城市路网的拓扑及特征参量；贾顺平等[5]研究了路网承载力和居民出行特性下的城市交通状态；许明涛等[6]通过考虑承载力对城市交通系统演化的影响，提出了容量限制下的城市道路和交通的互演化模型；李荣等[7]运用多元回归分析和时间序列分析相结合的方法预测了北京市机动车保有量和交通承载力，并对比分析二者的变化关系，提出了相应的缓堵改善措施。国外一些学者也有相应的交通承载力方面的研究[8-11]，例如 Smeed[8]在考虑城市、道路系统和出行类型的情况下，研究了城市路网承载力与道路宽度、出行平均距离的关系；Levinson[9]探讨了建立交通能力监测系统的问题；Boyac 等[10]基于基本图的理论，研究了不同城市拓扑结构和信号结构下，路段长度和信号特征的差异对交通道路网络能力的影响；Cai[11]研究了经济增长和路网承载力相互影响下的人口变化情况，并将人口增长方程和可变的路网承载力引入经典 Solow 模型，提出了一个二维的动态模型。除了交通承载力以外，道路投资也是影响路网结构另一个重要因素，Christaller[12]指出路网投资在交通经济原则上影响交通系统的形成。然而，在路网结构演化特性研究中，很少有学者去考虑投资对路网结构演化的影响。本章不仅考虑人口分布的影响，同时也考虑投资和交通设施承载力对路网结构演化的影响。

第二节 考虑投资和交通设施承载力的路网结构演化模型

当城市里面一个新的交通小区建立,决策者会对其进行投资建设道路从而使新建交通小区连接到城市路网中。一般来说,道路等级越高相应的承载力越大,则需要的投资花费就越高。为了计算简单,这里交通承载力仅考虑交通设施的承载力。本章考虑了在固定的道路投资下得到最大化的交通设施承载力,从而得出如何建设道路以及建设什么等级的道路。最后利用仿真模拟的方法给出了路网演化的拓扑结构、道路等级和交通设施承载力的变化情况。特别地,还给出了不同初始化情况下的道路网络演化结果。一方面,从仿真结果可以看出,高投资可以得到高的交通设施承载力,不同的初始化也会得到不同的网络拓扑结构。另一方面,也可以得出增加城市中心点的数目可以改进交通设施承载力的结论。

一、基本假设

和上一章一样,本章采用如下的假设。

假设 1:整个网络的人口增加包括自然增长和净外来迁入两部分[13]。

假设 2:人口的动态移动过程分成两类:偏好和随机探索。偏好是指个体偏向迁移到人口密集的区域,随机探索是指有少部分的个体会随机选择区域进行迁移[13]。

假设 3:城市中不是所有的区域都可以被开发。土地利用被分成三类:已开发区域(DA)、未开发区域(UA)和不能开发区域(NA)。DA 是指已经开发出来可以居住的区域;UA 是指还未开发但可以开发的区域;NA 是指因特殊用途(例如湖泊、公园和名胜古迹等)不可能开发的区域[13]。

假设 4:城市用网格来划分,每一个单元都表示一个区域。通过已经给定的概率,每一个单元被随机分配为 DA、UA 和 NA。

假设 5:根据当前城市的开发情况随机建设交通小区,同时根据交通小区的承载力迁入人口。当人口超过交通小区的承载力时,建立新的交通小区来容纳超出部分的人口。

二、城市交通承载力

在城市交通科学的研究中,目前对城市交通承载力尚未形成统一的定义和完整确切的描述。侯德劭[2]定义城市交通承载力为一定时期内,在某种特定土地利用结构下,满足城市环境符合可持续发展的要求条件,城市系统的结构和功能不向恶性方向转变时,城市所能承受交通系统的最大发展规模,即交通系统的所承受最大容量;詹歆晔等[3]描述城市交通承载力是在可供利用资源和环境达标的前提下,城市交通系统所能支持的最大交通活动(交通工具数量或交通运输能力)，它反映的是城市复合生态系统承载结构的优化承载力，受到基础承载力的制约，这些制约既包括交通用地、路网通行能力、停车位、燃油供应等资源因素，也包括大气、噪声、城市生态等环境因素。从上面可以看出，不论哪种定义，城市交通承载力都可以划分为：交通设施承载力和交通环境承载力。城市交通设施承载力表示的是在一定时期内，特定土地利用结构条件，满足各种约束因素和服务水平下，城市交通设施所能承受交通系统的最大发展规模。城市交通设施承载力决定着城市所能支持的交通活动量，而对其分配则反映了城市交通在配置城市系统物流和人流的能力。而所谓城市交通环境承载力，是指在一定时期和一定区域内，在交通环境系统的结构和功能不向恶性方向转变的条件下，交通环境所承受交通系统的最大发展规模，即交通环境系统的最大容量。

城市交通对土地资源的利用主要体现在交通设施占有土地的情况，对在建或改造中的城市来说，交通设施会随着改扩建的进程而发生变化，对于已经建成的地段或者大城市繁华的中心地段，由于可利用的土地资源基本固定，因此设施本身的资源就是土地资源的真实反映。改善交通设施的利用率是改善城市交通承载力的主要途径之一。因此，近年来交通设施承载力的研究越来越受到关注。于是，为研究交通设施承载力和城市路网演化之间的关系，本章主要考虑的是交通设施的承载力。

三、城市道路网络演化模型

随着城市的发展，新的交通小区会产生(如图 5-1 中黑色圆圈中的点)。决策者会分析各种条件并对相应的道路进行投资建设。决策者需要知道的是：要建设哪一条道路以及建设何种等级的道路？下面本书将试图解决这个问题。

如图 5-2 所示，点 A、B 和 C 都有相同的邻居节点 N。其中道路长度满足 $L_{NA} < L_{NB} < L_{NC}$ (本部分中单位距离是 1km)，本部分要找到最佳的道路使得在一定的投资条件下道路有最大的承载能力。

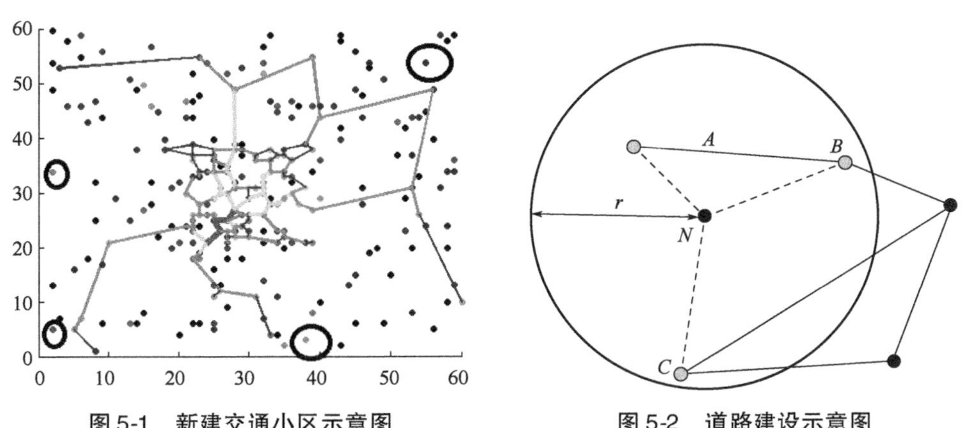

图 5-1　新建交通小区示意图　　　图 5-2　道路建设示意图

第 k 条道路等级为 m 的交通设施承载力可以描述为[3]：

$$C_k^m = \frac{u_m}{v_m} L_k^m \tag{5-1}$$

其中，$m \in \{1,2,\cdots,5\}$ 表示道路等级；u_m 和 v_m 分别表示等级为 m 的道路单位距离承载力和平均速度；L_k^m 表示第 k 条道路等级为 m 的道路长度，例如图 5-2 中的 L_{NA}、L_{NB} 和 L_{NC}。

因此，整个网络的交通设施承载力可以表示为：

$$Total\_C(L_k^m) = \sum_{k \in TK, m \in \{1,2,\cdots,5\}} \frac{u_m}{v_m} L_k^m \tag{5-2}$$

其中，TK 表示道路网络中所有路段的数目。

假设 N 表示一个新建交通小区，并且它有 K_N 个邻居。所以此问题可以描述如下：

$$\begin{aligned} &\max_{m,k} \frac{u_m}{v_m} L_k^m \\ &s.t. \quad \beta_m L_k^m \leqslant I, m = 1,2,\cdots,5; k = 1,2,\cdots,K_N \end{aligned} \tag{5-3}$$

其中，I 表示道路投资（它的值由投资者根据情况给出），用 $I = \min(L_k^5) \cdot E_5 + M$ 表示，其中 E_5 定义为等级为 5 的道路单位距离的投资成本；$\min(L_k^5) \cdot E_5$ 表示道路建设的最低消费；M 表示根据新建道路重要程度的额外花费；β_m 表示单位距离道路造价。从式(5-3)可以看出，由于道路等级只有 5 级，而每个新建交通小区的邻居 K_N 通常都是较小的有限数。因此，式(5-3)可以采用枚举法确定在给定投资下的最佳道路选择和最优道路等级。

根据上面的讨论，考虑道路投资和交通设施承载力影响的道路网络演化过程可以描述为以下步骤。

步骤 1：初始化。令总迭代步数为 K、初始化迭代步数 $k = 1$。初始化网络采用相对邻域图[14-15]。图 5-3 给出了初始化网络的图形，X-Y 坐标轴代表了空间坐标，其中黑色的点代表不能开发的区域（例如公园、名胜、河流和山等），彩色的点代表交通小区（颜色越深代表人口密度越大）。路段的粗细代表了不同等级的道路水平，红色、粉色、黄色、亮绿色和蓝色分别代表等级为 1、2、3、4 和 5 的道路。

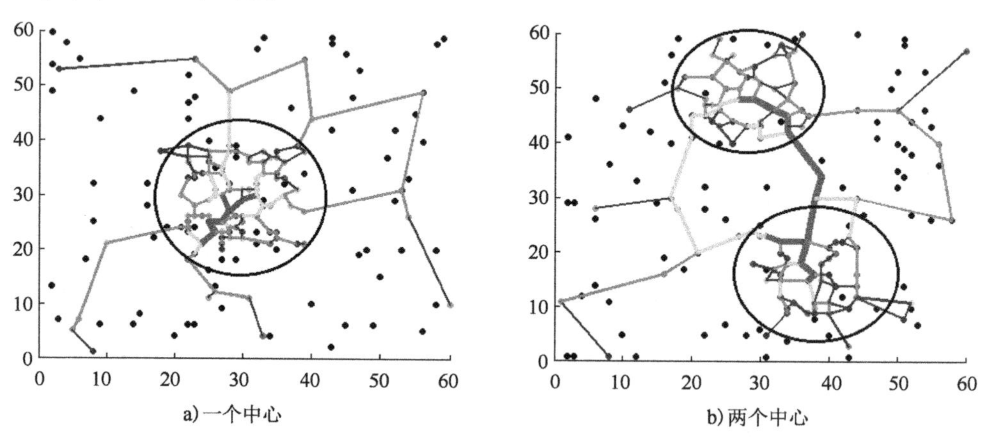

图 5-3 初始化城市道路网络

步骤 2：新区域的开发和道路的建设。在每一步新区域通过给定的概率随机建设。除此之外，道路修建是将已建区域与公式(5-3)的最优解进行连接。

步骤 3：如果 $k > K$，停止。否则，令 $k = k + 1$，返回步骤 2。

第三节　模拟结果及分析

本节通过实验来验证提出的模型。假设一个城市拥有 60×60 的区域，DA、UA 和 NA 的数目分别是 100、2780 和 720，也就是有 20%（$=60 \times 60/720$）是 NA。初始化人口数目是 50000[$H_i(0)=50000$]，并且人口会通过自然增长和外来迁入增加。总迭代步数 $K=20$。同时，道路等级被分成 5 种水平，并且用不同的颜色和粗细来表示不同的等级。表 5-1 列出了参数和取值，这些取值可以通过实际交通数据得到。

平均速度、承载力和投资花费的取值　　表 5-1

道路等级	平均速度 v_m(km/h)	承载力 u_m(pcu/d)	花费 E_m(millions/km)
1	120	25000	4000
2	100	15000	1500
3	80	3000	250
4	60	1000	60
5	40	200	35

一、路网结构演化

为验证网络结构的演化过程，选取迭代过程为 5、10、15 和 20 来分析（图 5-4、图 5-5）。从图中可以看出网络拓扑结构是不断发生变化的。随着越来越多的交通小区建立，对应地会有新的道路建立。不同的投资限制条件下，道路的建设等级也是不一样的，投资越高对应的道路建设等级也越高。另一方面，不同的初始化道路网络结构也会演化出不同的道路拓扑结构。

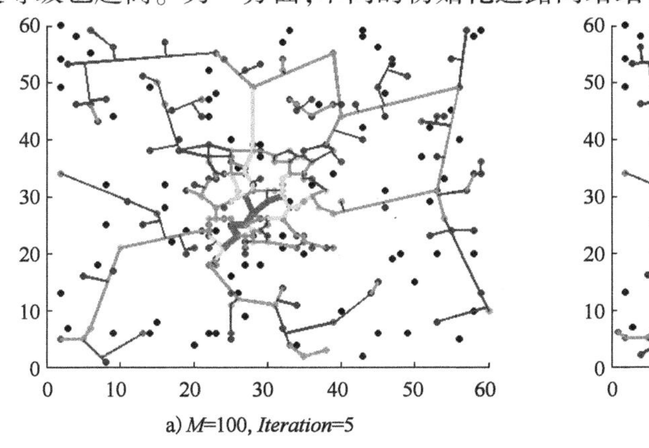

a) M=100, $Iteration$=5

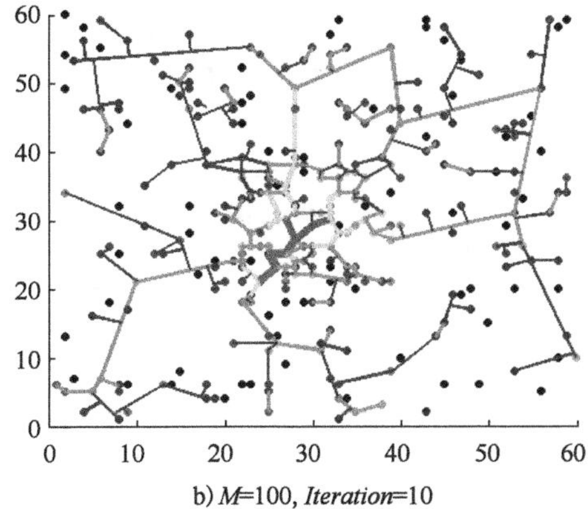

b) M=100, $Iteration$=10

图　5-4

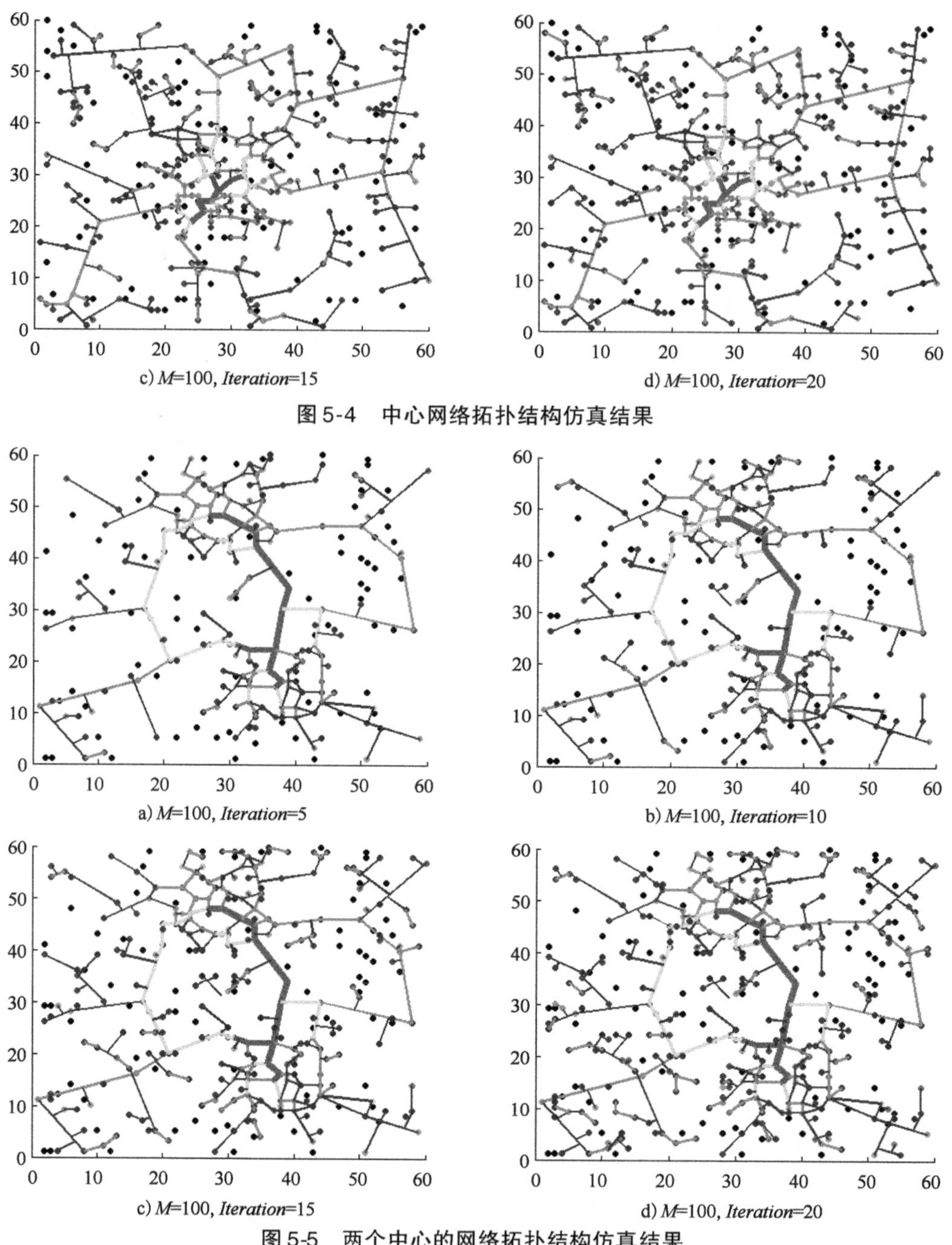

图 5-4　中心网络拓扑结构仿真结果

图 5-5　两个中心的网络拓扑结构仿真结果

二、度分布模拟

图 5-6 和图 5-7 分别给出了单中心和两个中心点的迭代步数分别为 5、10、20 和 50 步的城市道路网络演化的度分布情况。从图中可以看出，不论是单中心还是两个中心点，城市道路网络的度会出现 5 种类型（分别是 1、2、3、4 和 5），并且度是 1 的节点比例最高，度是 5 的节点比

例最低。图 5-6a) ~ d)、图 5-7a) ~ d)清楚地描述了节点度的变化情况：在单中心情况下，迭代 10 步时已经出现度为 5 的节点，而在两个中心点的情况下，当迭代步数为 50 的时候才出现度为 5 的节点，这说明单中心的城市更容易产生度相对较高的节点。

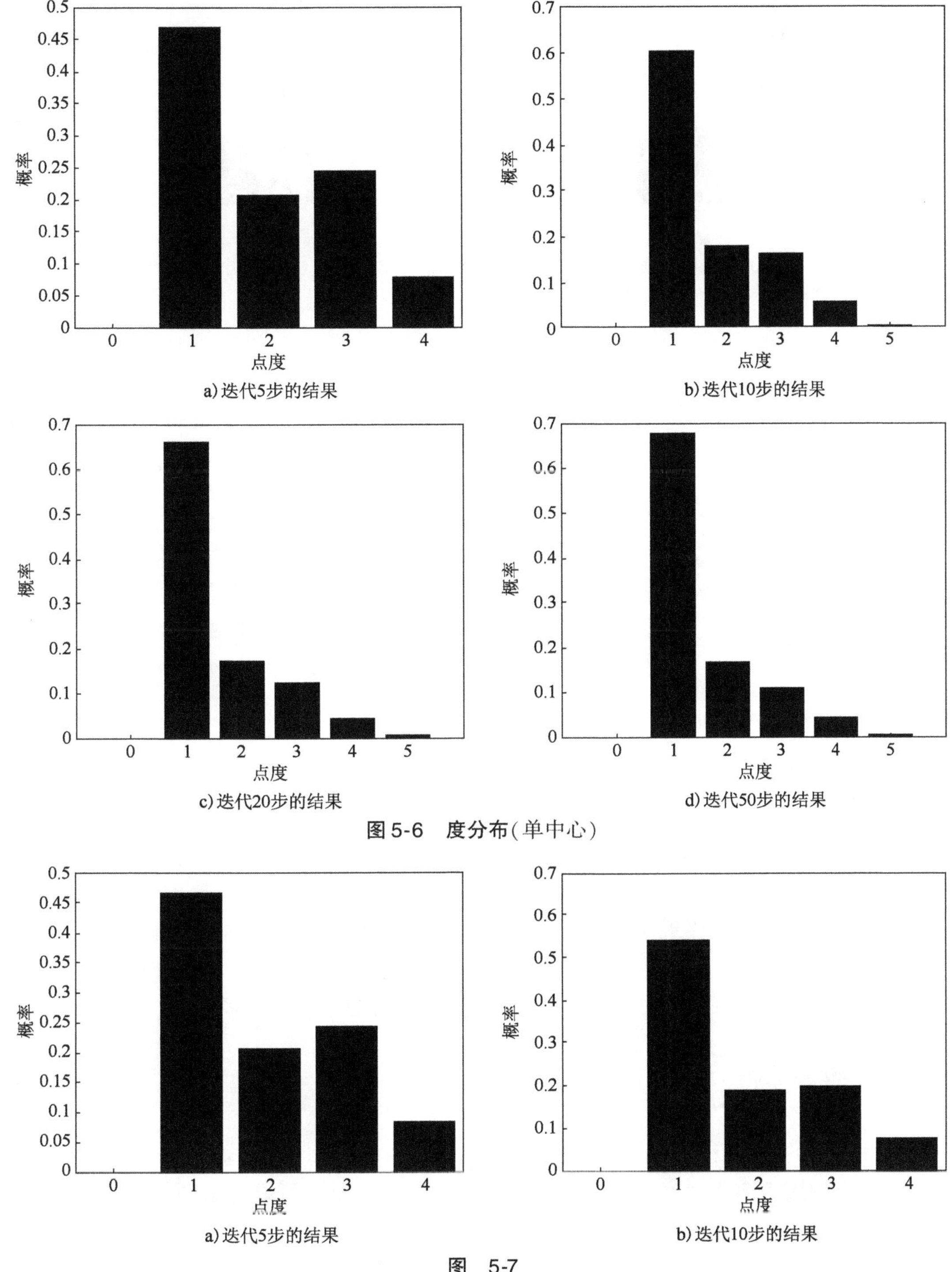

a) 迭代5步的结果

b) 迭代10步的结果

c) 迭代20步的结果

d) 迭代50步的结果

图 5-6　度分布(单中心)

a) 迭代5步的结果

b) 迭代10步的结果

图　5-7

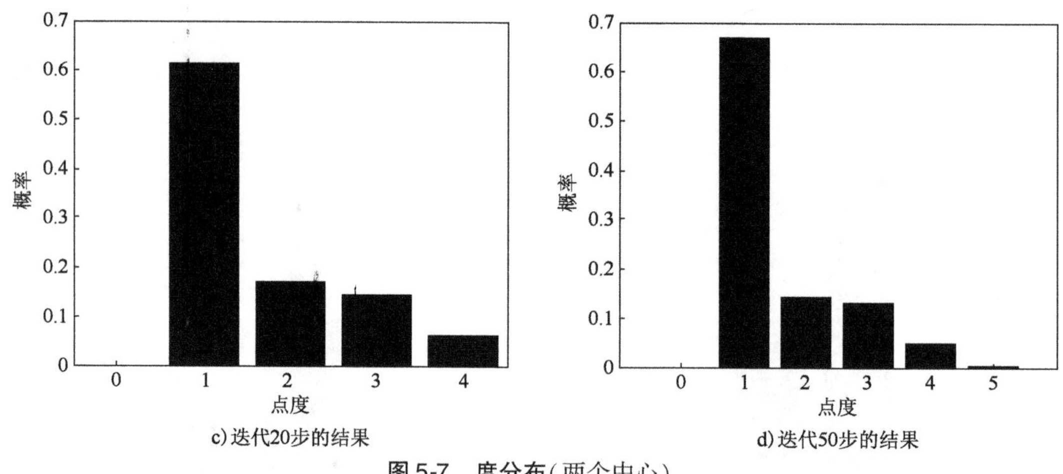

c) 迭代20步的结果

d) 迭代50步的结果

图 5-7 度分布(两个中心)

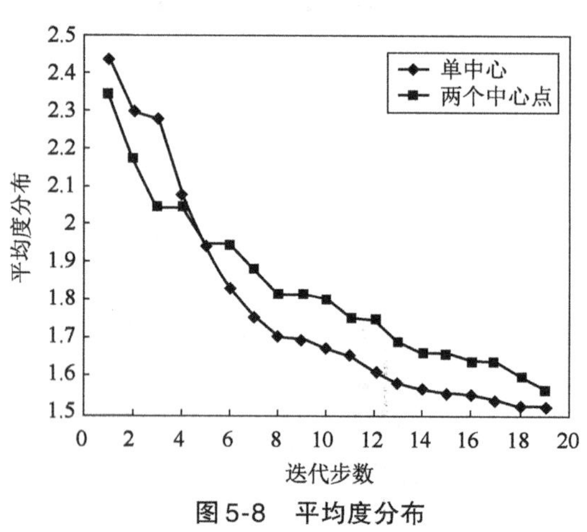

图 5-8 平均度分布

图 5-8 给出了随着迭代步数的增加,不同中心数量城市网络平均度的变化情况。可以看出两种情况下,网络的平均度都会单调递减,然而最初阶段,单中心城市的网络比两个中心点城市的网络平均度要高,当迭代到第 5 步时,两种情况下的平均度相等,随后两个中心点城市的平均度会比单中心城市的高。平均度分布高的路网要比平均度分布低的路网性能高,故随着网络的演化,多中心点的城市会比单中心点城市的网络性能高。

三、介数模拟

图 5-9 和图 5-10 分别给出了单中心点和两个中心点迭代 50 步后的道路网络演化结果点介数和边介数的变化情况。从图中可以看出,对于 a) 图的点介数(边介数)分布,两个中心点的网络比单中心的网络更接近于直线。对于点介数分区间图来说,单中心点的网络只有在区间值比较小的时候会大于两个中心点的网络,随着迭代步数的增加,两个值趋于相等。对于边介数来说,单中心的分区间概率分布明显比两个中心点的分布要高很多。

四、环性和树性模拟

环性和树性的大小反映了道路结构更接近环状结构还是树状结构。图 5-11 给出了单中心和两中心点的城市道路网络演化的环性和树性结果。从图中可以看出,对于单中心城市道路网络来说,环性始终大于树性。对于两中心点城市道路网络来说,当迭代步数小于 7 的时候,环性大于树性,当迭代步数大于 7 的时候,树性大于环性。从图中可以看出,单中心城市道路网络结构更趋向环性，而两中心点城市道路网络结构更趋向树性。

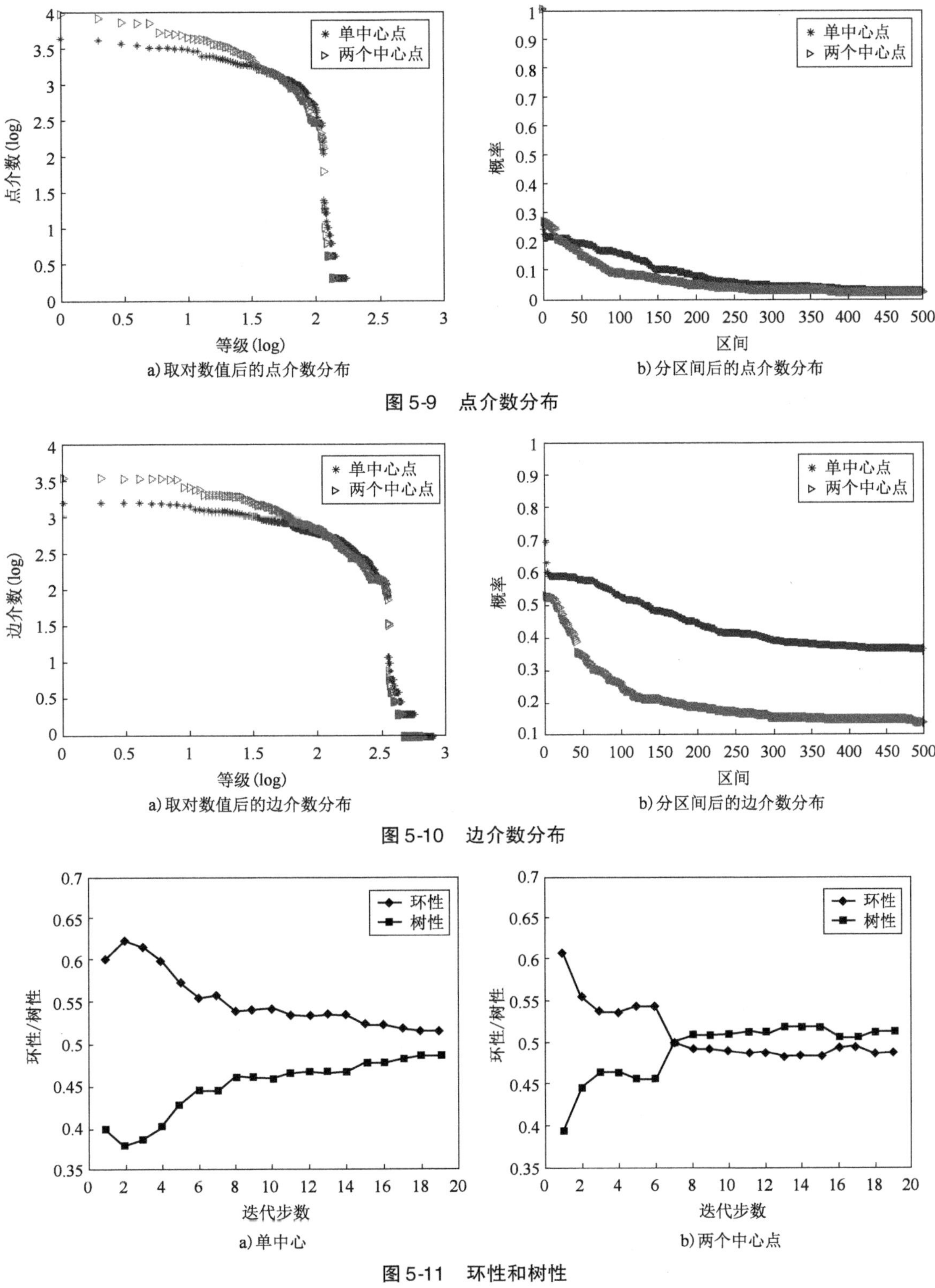

图 5-9　点介数分布

图 5-10　边介数分布

图 5-11　环性和树性

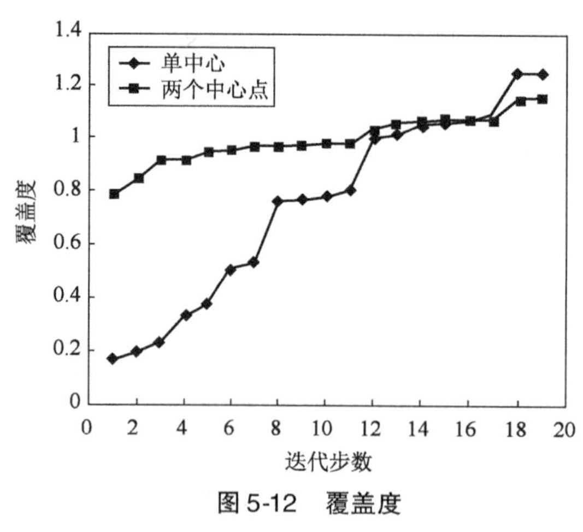

图 5-12 覆盖度

五、覆盖度模拟

覆盖度是衡量道路网络均匀程度的指标。图 5-12 给出了单中心和两个中心点的覆盖度随着迭代次数增加的变化情况。从图中可以看出，在迭代步数为 17 次之前，两中心点的覆盖度都是要大于单中心的覆盖度。这说明两中心点路网要比单中心路网分布更加均匀。当迭代步数达到 18 以后，单中心路网的覆盖度要稍微大于两中心路网覆盖度。这意味随着人口分布的增加，单中心的路网分布更加集中。

六、交通设施承载力模拟

图 5-13 给出了在不同 M 值下整个路网交通设施承载力的变化情况。从图中可以看出：一方面，交通设施承载力随着道路网络的演化而逐渐增加；另一方面，当投资额高的情况下（M 的值反映了投资额的高低），对应的整个交通设施的承载力也相对较高。总体来说，图 5-13a）的值整体较图 5-13b）的值偏小，这说明了两中心点的网络结构交通设施的承载力更大。

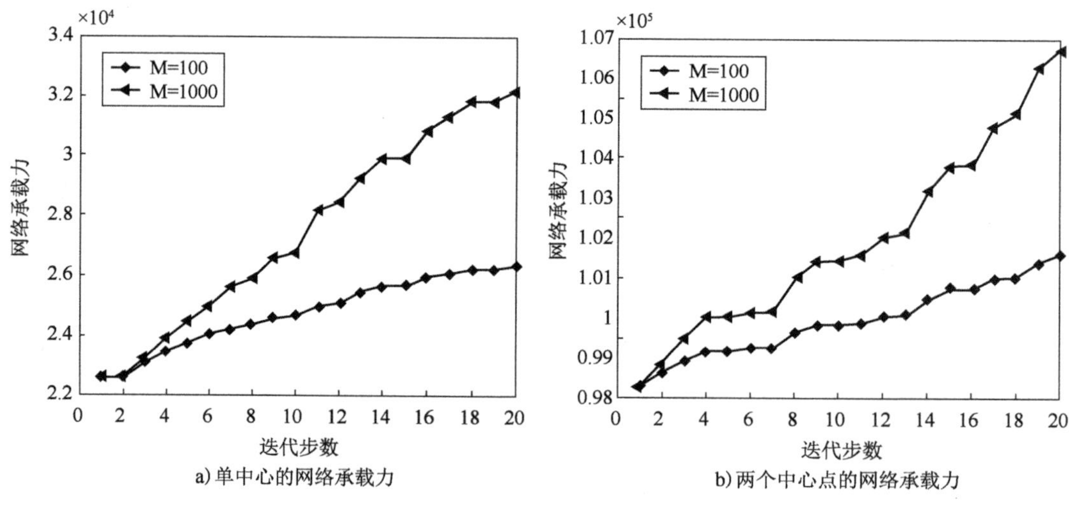

图 5-13 路网承载力

第四节 本章小结

本章的主要内容是提出了投资和交通设施承载力影响下的城市道路网络演化模型。模型是在给定道路投资的条件下最大化交通设施承载力,从而确定哪条道路需要建设以及建设何种等级的道路。此外,本章还研究了不同的城市网络初始化结构对道路演化的影响。仿真结果表明不同的中心点数目会对整个交通设施的承载力有很大的影响:即两个中心点的交通设施承载力比单中心道路网络的交通设施承载力更大。

本章参考文献

[1] 李振福. 城市交通系统的人口承载力研究[J]. 北京交通大学学报(社会科学版). 2004, 3(4): 76-80.

[2] 侯德劭. 城市交通承载力研究[D]. 上海:同济大学. 2008.

[3] 詹歆晔,郁亚娟,郭怀成,等. 特大城市交通承载力定量模型的建立与应用[J]. 环境科学学报, 2008, 28(9): 1923-1931.

[4] 吴建军. 城市交通道路网络拓扑结构复杂性研究[D]. 北京:北京交通大学. 2008.

[5] 贾顺平,彭宏勤,刘爽. 基于居民出行特性与路网承载力的城市交通状态研究[J]. 交通运输系统工程与信息, 2011, 11(5): 81-85.

[6] 许明涛,吴建军. 基于容量限制的道路与城市交通的互演化研究[J]. 山东科学. 2012, 25(4): 58-63.

[7] 李荣,吴建军. 北京市交通承载力预测研究[J]. 山东科学. 2013, 26(2): 98-104.

[8] SMEED R J. The Road Capacity of City Centers[J]. Highway Research Record, 1967, 169: 22-29.

[9] LEVINSON D M. Monitoring Infrastructure Capacity[R]. Land Market Monitoring for Small Urban Growth Lincoln Institute for Land Policy, 2000, 165-181.

[10] BOYAC B, GEROLIMINIS N. Exploring the Effect of Variability of Urban Systems Characteristics in the Network Capacity[C]. 90th Annual Meeting of the Transportation Research Board, Washington D. C. , 2011.

[11] CAI D H. An Economic Growth Model with Endogenous Carrying Capacity and Demographic Transition[J]. Mathematical and Computer Modelling, 2012, 55(3-4): 432 - 441.

[12] CHRISTALLER W. Central Places in Southern Germany[M]. Gustav Fischer Verlag, 1933.

[13] ZHAO F X, WU J J, SUN H J, et al. Role of Human Moving on City Spatial Evolution [J]. Physica A: Statistical Mechanics and its Applications, 2015, 419: 642-650.

[14] TOUSSAINT G T. The Relative Neighbourhood Graph of a Finite Planar Set[J]. Pattern Recognition, 1980, 12(4):261-268.

[15] JAROMCZYK J W, TOUSSAINT G T. Relative Neighborhood Graphs and Their Relatives[C]. Proceedings of the IEEE, 1992, 80 (9):1502-1517.

CHAPTER 6

第六章

人口分布和城市路网结构的互演化特性研究

本书第三章、第四章分别研究了人口分布的演化特性及人口分布对道路网络的演化影响。事实上，路网结构也会对城市的人口分布产生重要影响，两者之间相互作用、相互影响。本章主要研究人口分布和道路网络的互相影响关系，揭示两者之间的互演化规律。

第一节　引言

城市道路网络形态与许多因素（如土地利用、人口分布、市场行为等）存在着相互作用、相互影响的复杂关系。例如，人口分布改变必然引起交通 OD 需求的变化，交通 OD 需求的变化引起交通网络流量的变化，而流量变化也会引起交通网络设施的改进。交通网络设施的改进势必会导致交通可达性、房价和交通小区的吸引力等发生变化，这些变化必然导致人口重新分布。在这个过程中，人口分布与道路网络不断演化，导致城市空间分布发生显著变化，例如城市道路网络和城市人口的聚集和中心化。由此可见，城市道路网络和这些复杂因素之间互演化的过程即为城市交通网络逐渐形成的过程，表现出时空复杂性。因此，深入研究道路网络与其他影响因素之间的互演化，不仅能够揭示城市的形成和演化机理，也为科学合理的城市规划提供了理论基础。近年来，交通道路网络与其他影响因素之间的互演化研究吸引了许多学者的广泛关注。其研究方法主要包括基于智能体[1-2]、最优化[3]、自组织[4-5]、统计学[6]、动力学方程[7-8]、元胞自动机[9]等。

在研究城市道路网络的演化中，土地利用和人口分布是常考虑的因素。例如，Levinson 等[10]提出了一个土地利用和交通网络互演化模型，结果显示初始离散的土地利用模式演化成更加集中的土地分布状态，而最初集中的土地利用模式演变成离散化状态；Li 等[3]研究了考虑交通网络设计问题和房租的交通道路网络和土地利用的互演化模型，发现不同的土地利用初始分布条件将演化成相似的人口和就业分布，同时，还发现多数家庭选择居住在中心区域的边界上，而不是选择居住在市中心；Zhang 等[1]应用多智能体方法提出一个城市道路网络和土地利用互演化模型，该模型能够应用于大规模的城市系统，并且在该模型下城市能够达到长期均衡增长状态；Rui 和 Ban[2]同样应用多智能体方法描述了一个城市道路网络和土地利用互演化模型，该模型同时考虑了矢量道路网络增长和动态网格土地利用，可以很好地反映城市不断发展的土地利用模式；Xie 和 Levinson[4]应用自组织方法通过整合交通需求、收费和道路投资模型，提出了道路网络和土地利用互演化模型。

除了土地利用分布外，人口分布机制也被考虑用来研究城市道路网络互演化。例如，Levinson[6]通过统计 19 世纪和 20 世纪伦敦的城市数据，指出人口分布的变化和城市道路交通道路网络的变化是严格正相关的。然而，人口分布和道路网络结构之间存在着复杂的相互关系，Barthélemy 和 Flammini[11]描述了城市道路网络和城市人口分布互演化模型，结果显示，可达性越高的节点对个体的吸引力越高，最终将导致城市中高密度区域和人口密集中心的出现。

基于第四章研究的人口分布对道路网络结构演化的结果，本章将研究城市交通道路网络和人口分布的互演化关系，即在给定城市人口增长的条件下，随着城市的发展人口如何分布，城市道路交通道路网络如何调整才能满足人口分布变化的需求。具体来说,综合考虑地形、人口和经济等因素来模拟分析城市路网结构和人口分布之间的演化过程及相互作用,并统计分析互演化过程中人口分布和道路网络的相关性质,从宏观角度揭示城市人口与路网之间的互演化规律。最后,借鉴复杂网络的度量指标分析模型中参数对人口分布与路网互演化的影响,为提出城市交通规划和管理的建设性建议提供理论基础。

第二节 道路网络对人口分布的演化模型

第四章分析了人口分布对道路网络演化的影响。在此基础上,本节将研究道路网络和人口分布互演化影响。现实中,每个人选择居住地或工作地的位置受许多因素(例如土地利用类型、收入变化等)的影响。Von Thünen[12]指出与中心点的距离和房价是影响个体选择的两个主要因素。本节将主要研究城市道路网络中交通可达性和房价对人口分布演化的影响。

一、房价对交通小区开发的影响

房价是影响城市开发的一个重要因素。事实上,人口密度高的区域房价相对也会较高,人口密度低的区域房价相对较低,故房价和区域人口密度是呈正相关的。为了求解住房花费,首先定义区域人口密度:

$$\rho(i) = \frac{N_i}{S_i} \tag{6-1}$$

其中,N_i 表示第 i 个区域的人口数目;S_i 表示第 i 个区域的区域面积。区域人口密度定义为区域人口数目与区域面积之比,也就是单位面积的人口数目。

由区域人口密度的定义,给出住房花费的表达式如公式(6-2),针对现实问题住房花费和人口的关系式可以通过真实数据拟合出来。

$$C_{\text{house}}(i) = A\rho(i) \tag{6-2}$$

其中,A 是正的参数值,表示单位密度的住房价格。

二、交通可达性对区域交通小区开发的影响

除房价以外,交通的便利程度也是影响交通小区开发的重要因素,交通便利的区域会优先开发。本章将用介数来刻画交通可达性。首先,回顾一下在前面章节中介绍的点介数概念:

$$g(p) = \frac{1}{n(n-1)} \sum_{q,r,q \neq r} \frac{\sigma_{qr}(p)}{\sigma_{qr}} \tag{6-3}$$

根据点介数的概念，给出区域介数的概念：

$$\bar{g}(i) = \frac{1}{N(i)} \sum_{p \in S_i} g(p) \tag{6-4}$$

其中，$N(i)$表示第 i 个区域的交通小区数目，区域介数即为区域内的平均点介数，当然也可以用平均边介数来表达，鉴于一条道路可能属于不同的区域，所以选择以点介数来表示。在实际中交通花费与交通可达性成反比，即交通可达性越高交通花费越低，反之则交通花费越高。在模型中，假设交通花费和交通可达性呈线性关系，其表达式如下：

$$C_{\text{trans}}(i) = B[g_m - \bar{g}(i)] \tag{6-5}$$

其中，参数 B 和 g_m 是正的常数。

三、区域建设的可能性

假设住房和交通是日常生活中的主要花费，因此，由上面区域住房花费和交通花费的定义，可以得生活在区域的主要花费如下：

$$C(i) = C_{\text{house}}(i) + C_{\text{trans}}(i) \tag{6-6}$$

当区域花费越高时，建设交通小区的可能性越低，反之，当区域花费越低时，建设交通小区的可能性越高。给出区域交通小区建设的可能性如下：

$$P(i) = \frac{\exp[-\beta^* C(i)]}{\sum_j \exp[-\beta^* C(j)]} \tag{6-7}$$

将住房花费和出行花费的表达式代入上式，整理可得如下公式：

$$P(i) = \frac{\exp\left\{\beta^* A\left[\frac{B}{A}\bar{g}(i) - \rho(i)\right]\right\}}{\sum_j \exp\left\{\beta^* A\left[\frac{B}{A}\bar{g}(j) - \rho(j)\right]\right\}} \tag{6-8}$$

把参数$\beta^* A$ 和 B/A 分别记做β 和 λ。则上式变为：

$$P(i) = \frac{\exp\left\{\beta[\lambda \bar{g}(i) - \rho(i)]\right\}}{\sum_j \exp\left\{\beta[\lambda \bar{g}(j) - \rho(j)]\right\}} \tag{6-9}$$

其中，当 λ 很小时，表示房价对区域建设起着主要的作用，反之则说明交通的可达性对区域建设起着主要作用。当参数β 很大时，表示花费大一些的区域更有可能被开发，反之当β 很小时，表示花费小一些的区域更有可能被开发。

第三节 人口分布和路网结构的互演化模拟算法

根据上文的讨论,下面给出人口分布和路网结构互演化的算法。

步骤1:初始化道路网络($Network^0$),并给出城市的总人口数目(N^0)。

步骤2:新建交通小区。

①新建交通小区总的数目,为随机产生(一般为10~20)。

②每个区域内新建的交通小区的数目根据下面公式给定:

$$P(i) = \frac{\exp\left\{\beta[\lambda \bar{g}(i) - \rho(i)]\right\}}{\sum_j \exp\left\{\beta[\lambda \bar{g}(j) - \rho(j)]\right\}} \tag{6-10}$$

步骤3:新建道路。新建小区与已有道路的连接通过以下规则来建立。

如果只有一个新建小区,需要计算两个建设费用:一个是新建小区 i 和它的相对邻居 j 之间的建设费用,记作 C_1;另一个是新建小区 i 与最近路段的费用,记作 C_2。这里 $C_1 = \beta_1 L_{ij} - \beta_2 (H_i + H_j)$,$C_2 = \beta_1 L_i - \beta_2 H_i$,$L_{ij}$ 为新建小区 i 和它的相对邻居 j 之间的距离,L_i 为新建小区 i 与最近的路段的距离,H_i 为新建小区 i 的人口数。

如果新建小区有两个或两个以上,并且它们有不同的相对邻居,对于每一个新建小区分别计算费用 C_1 和 C_2。如果对于新建小区都有 $C_1 > C_2$,则都连接到它们最近的路段上。否则,连接到它们各自的相对邻居上。

如果新建小区有两个或两个以上,并且它们有相同的相对邻居 q,对每一个新建小区计算建设费用 C_1 和 C_2。如果 $C_1 > C_2$,新建小区连接到它们各自最近路段上;如果 $C_1 \leqslant C_2$,利用费马选址问题来求解,最优点 p_0 满足下面的条件:

$$f(p_0) = \min f(x) = \min \sum_{i=1}^{n} \| x - p_i \| \tag{6-11}$$

之后把新建区域和它们的相对邻居 q 连接到最优点 p_0。

步骤4:根据道路网络($Network^1$)对人口进行重新分配,得到人口分布($Population^1$)。分配方法如下:

$$H_i = H \times P_i \tag{6-12}$$

$$P_i = \frac{\exp\left\{\beta[\lambda g_i - \rho(i)]\right\}}{\sum_j \exp\left\{\beta[\lambda g_j - \rho(i)]\right\}} \tag{6-13}$$

式中,H_i 为交通小区 i 的人口数目;P_i 为交通小区 i 的人口比例,其定义类似于区域选择概率;g_i 为交通小区 i 的点介数;$\rho(i)$ 为交通小区 i 所属区域的人口密度。

步骤5:判断城市的开发情况,当达到开发程度(用交通小区数目来确定),终止迭代,否则返回步骤2。

整个互演化流程如图6-1所示。

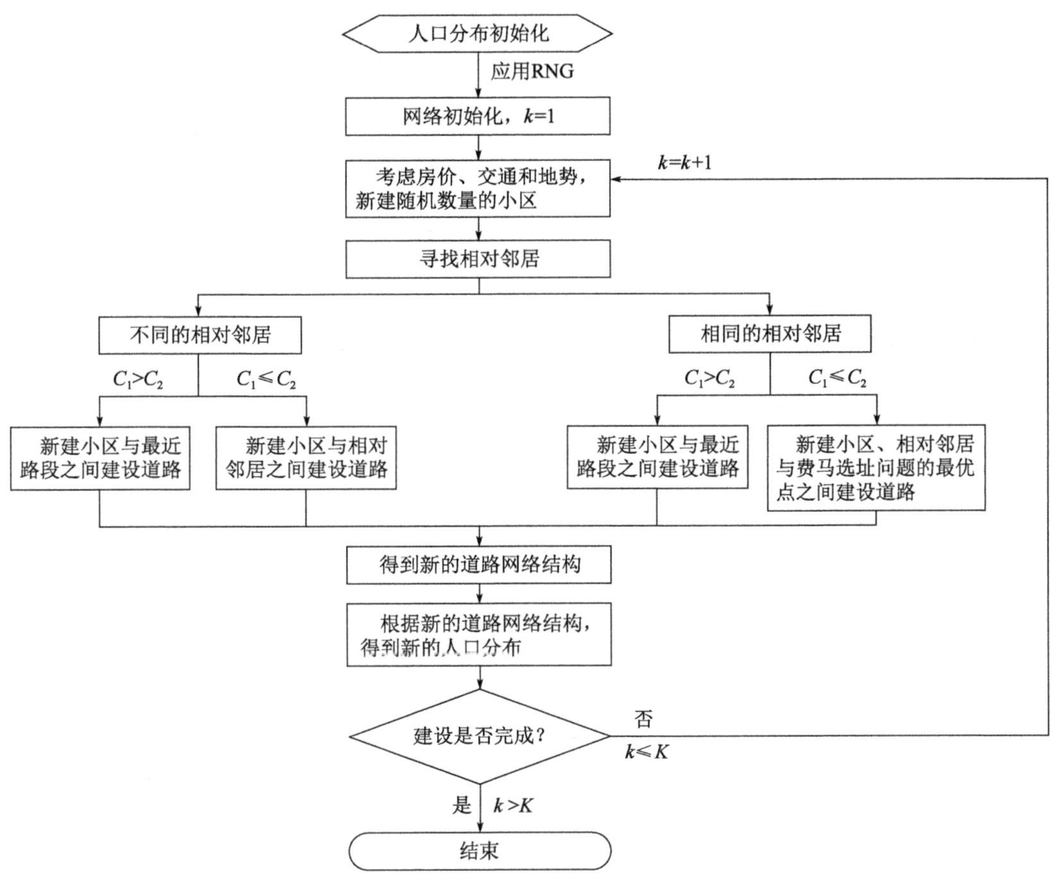

图 6-1　人口分布和道路网络互演化的流程图

第四节　模拟结果及分析

本节假设一个城市拥有 60×60 的区域，DA、UA 和 NA 的数目分别是 100、2780 和 720，也就是有 20%（=60×60/720）是 NA。初始化人口数目是 50000[$H_i(0)=50000$]，自然增长率 $r=0.5\%$，迁徙人数 $m=1000$，总迭代步数 $K=20$，另外 $\beta_1=1$，$\beta_2=0.0001$。下面给出人口分布和路网结构互演化的结果并对这些结果进行分析。

一、路网结构演化

以单中心城市为研究对象，图 6-2 和图 6-3 分别给出了参数 $\lambda=1$、8，迭代步数分别为 5、10、20 和 50 步的人口分布和城市道路网络互演化的城市结构，其中点的颜色表示人口密度，颜色越深人口密度越大。从图中可以看出，当 $\lambda=1$ 时，城市路网结构比较分散，而当 $\lambda=8$

时，城市路网结构相对比较集中。这说明当 λ 较小时，房价对路网结构起着主要的作用，对于人口密度相对较小的区域，其房价也会相对比较便宜，因此在这些区域交通小区建设的可能性相对较大，而中心区域交通小区建设的可能性相对较小，因此整个路网结构比较分散。反之当 λ 变大时，交通的可达性对区域建设起着主要作用，对于城市的中心区域，路网的密度相对较高，故可达性也越高，其交通小区建设的可能性较大，而其他区域的交通小区建设可能性变小，因此路网结构相对比较集中。

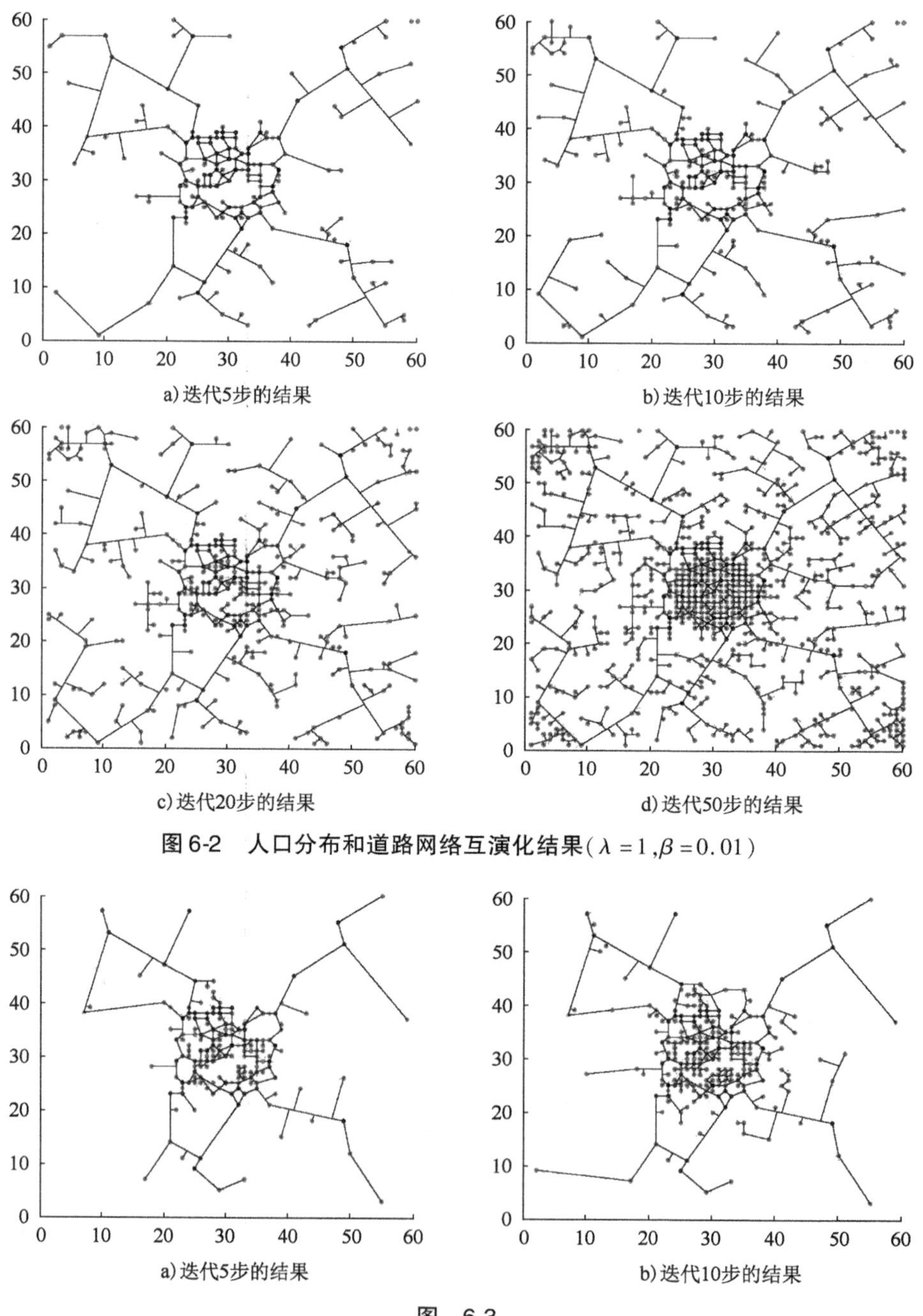

a）迭代5步的结果　b）迭代10步的结果

c）迭代20步的结果　d）迭代50步的结果

图 6-2　人口分布和道路网络互演化结果（$\lambda=1,\beta=0.01$）

a）迭代5步的结果　b）迭代10步的结果

图　6-3

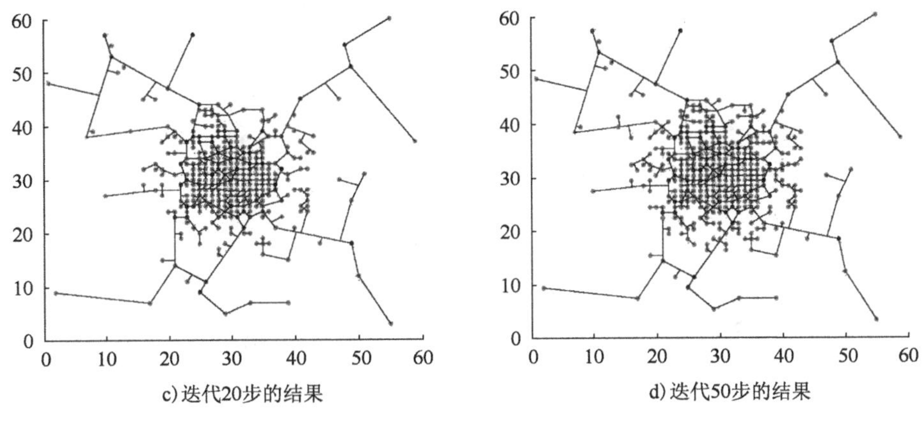

图6-3 人口分布和道路网络互演化结果($\lambda=8,\beta=0.01$)

二、度分布模拟

图6-4和图6-5分别描述了参数$\lambda=1$、8,迭代步数分别为5、10、20和50步的人口分布和城市道路网络互演化的度分布情况。从图中可以看出,当$\lambda=1$、8时,城市道路网络的度只有5种类型(分别是1、2、3、4和5),并且度是1的节点比例最高,度是5的节点的比例最低,这是由于费马选址问题被作为连路规则造成的。另一方面,图6-4a)~d)和图6-5a)~d)清楚地描述了节点度的变化情况:最初度为3的点相对比例比较高,随着迭代步数增加,度为2的点的比例不断增加,最终度为2的节点比例会高于度为3的节点。

图6-6给出了随着迭代步数的增加不同λ参数下网络平均度演化情况,可以看出$\lambda=1$、8时,网络的平均度都会单调递减,然而$\lambda=1$的网络平均度始终比$\lambda=8$的网络平均度低,这是因为当$\lambda=1$时,路网结构比较分散,路网节点度为1和2的点较$\lambda=8$时多,而节点度为3、4、5的点较$\lambda=8$时少。因此,$\lambda=1$的网络平均度比$\lambda=8$时低。可见,随着参数λ增加,城市道路网络的平均度分布也会增加。

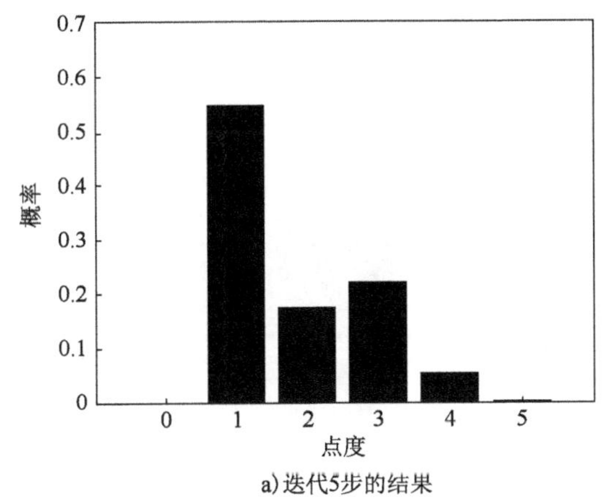

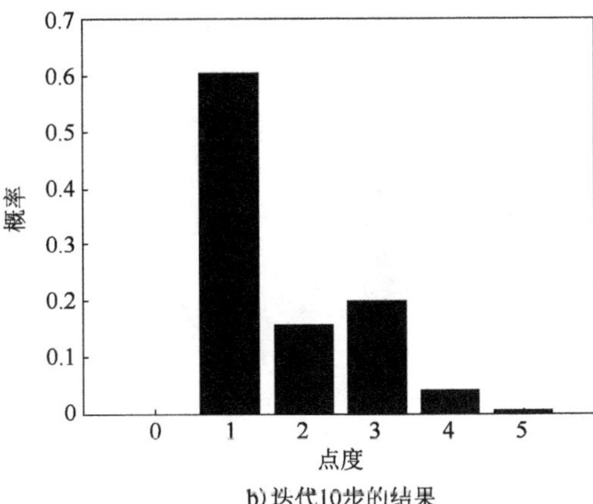

图 6-4

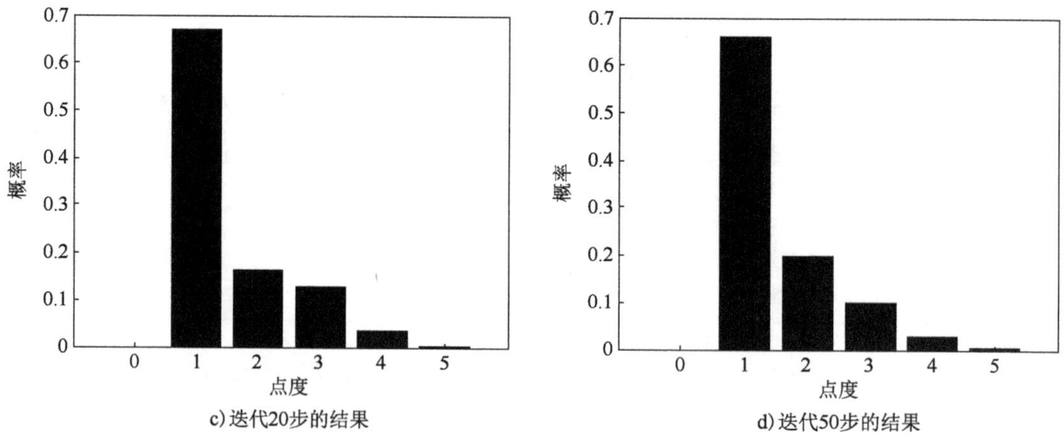

c) 迭代20步的结果

d) 迭代50步的结果

图 6-4 度分布($\lambda=1,\beta=0.01$)

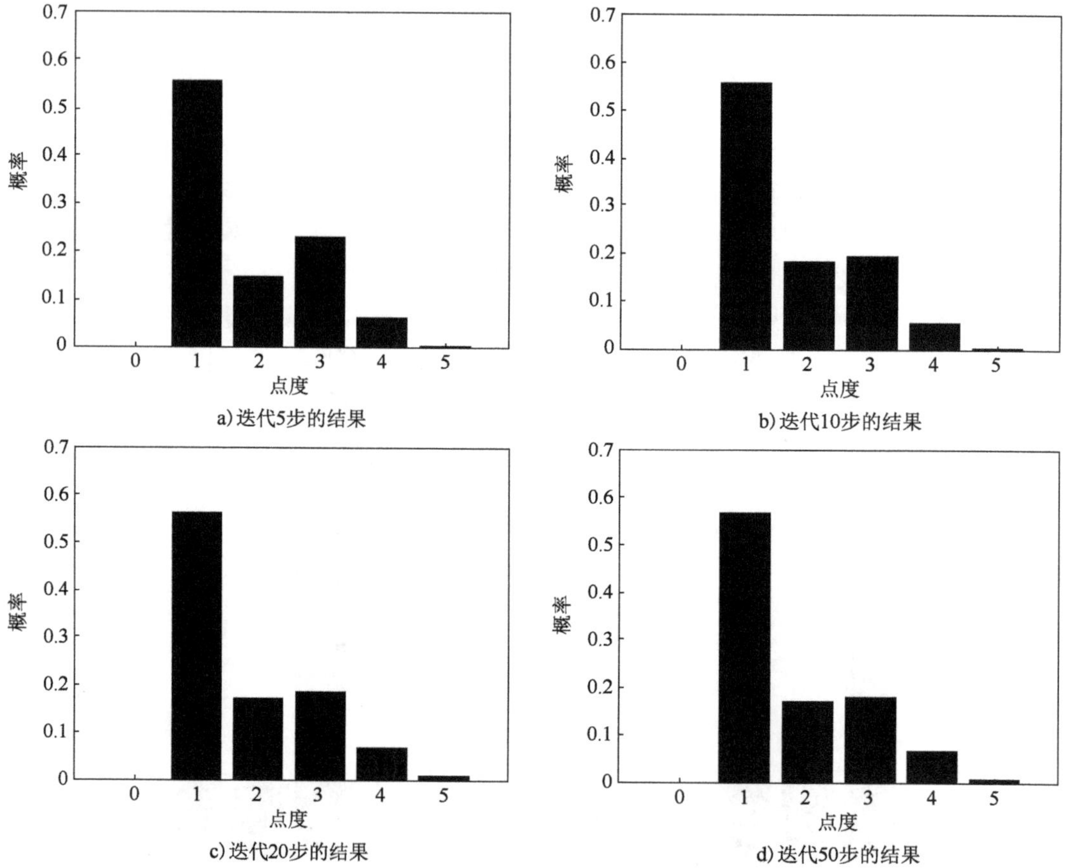

a) 迭代5步的结果

b) 迭代10步的结果

c) 迭代20步的结果

d) 迭代50步的结果

图 6-5 度分布($\lambda=8,\beta=0.01$)

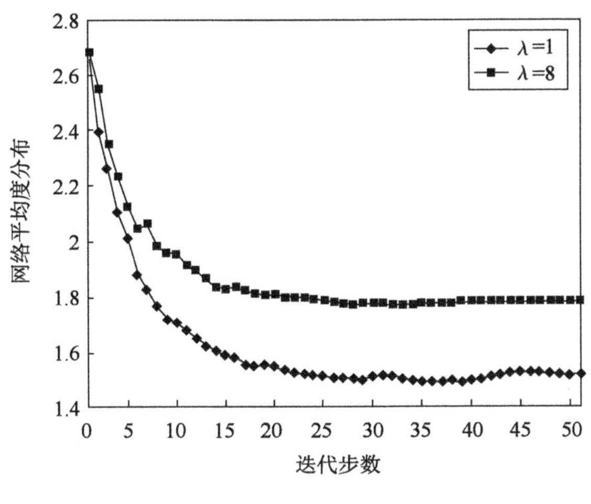

图 6-6　平均度分布

三、介数模拟

图 6-7 和图 6-8 分别给出了 $\lambda=1$、8 下迭代 50 步后的人口分布和道路网络互演化结果中点介数和边介数的变化情况。从图中可以看出，对于 a）图的点介数（边介数）分布，当 $\lambda=1$ 时点介数（边介数）的整体分布会低于 $\lambda=8$ 时的点介数（边介数）。而对于 b）图，当区间值比较小时，$\lambda=1$ 点介数（边）在该区间内出现的概率会比 $\lambda=8$ 时要高，随着区间的增大概率值趋于一致。这是因为 $\lambda=1$ 时产生的网络结构比较分散，而 $\lambda=8$ 时产生的网络结构相对比较集中。

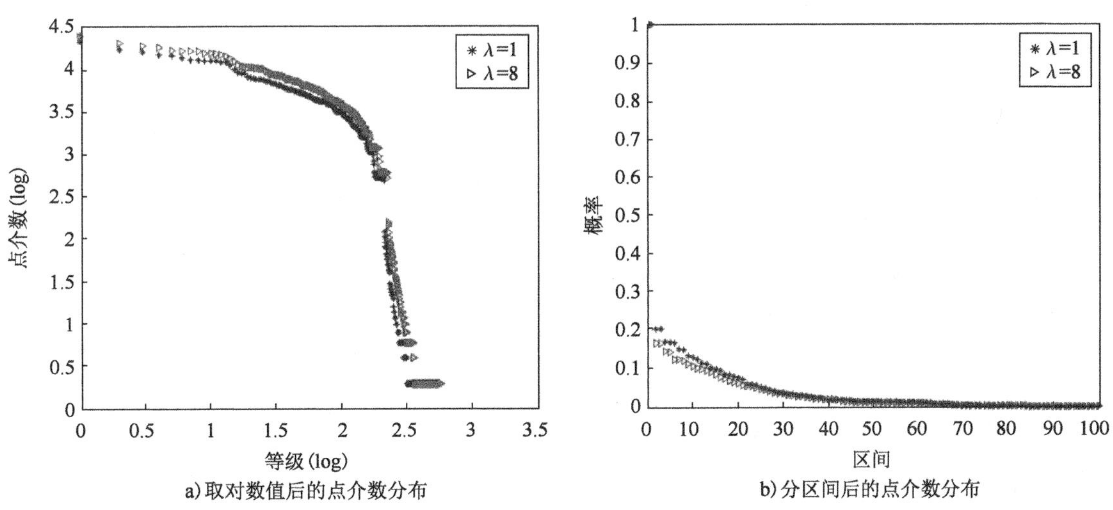

a）取对数值后的点介数分布　　b）分区间后的点介数分布

图 6-7　点介数分布

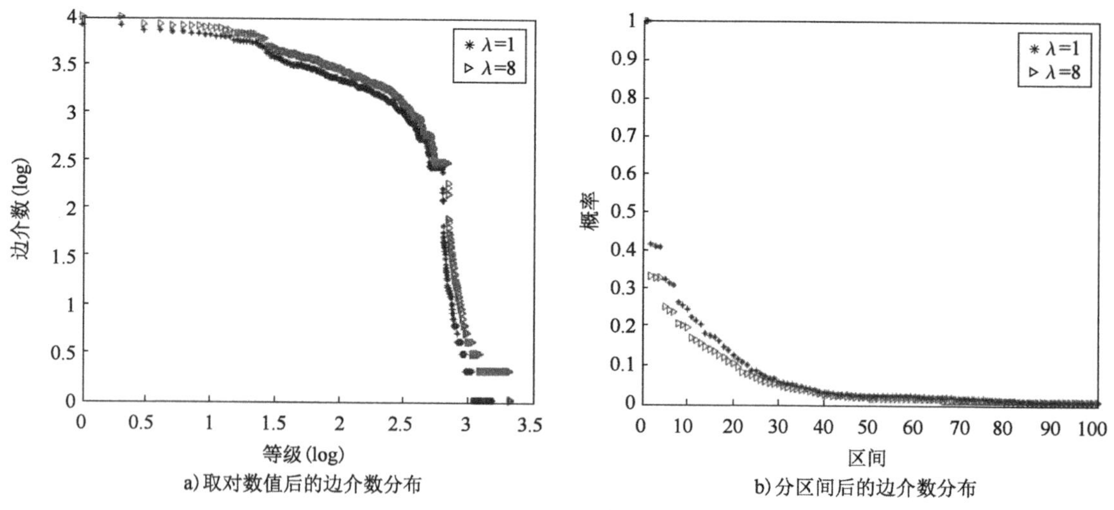

图 6-8 边介数分布

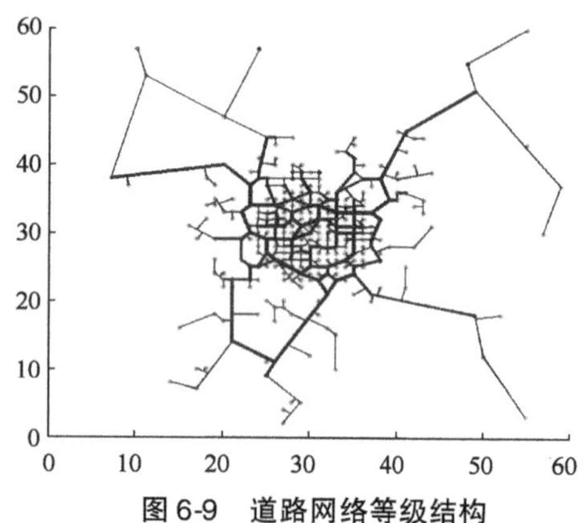

图 6-9 道路网络等级结构

根据路段的边介数,可以对道路网络进行简单的等级划分,即用边介数来反映交通流量。对于边介数高的路段,为了满足需求,道路等级也相对较高。图 6-9 给出了道路网络等级结构图,此图把所有的边介数分成五个等级,并且在图中用不同粗细的线段表示。从图中可以看出,中心区域的线段比较粗,越到边缘线段越细,这说明接近中心区域的位置道路承载力和道路等级越高,随着与中心的距离越远,道路的承载力和道路等级也越低。

四、环性和树性模拟

环性和树性的大小反映了道路结构更接近环状结构还是树状结构。图 6-10 给出了 $\lambda=1$、8 的人口分布和城市道路网络互演化的环性和树性结果。

从图 6-10a)可以看出,当 $\lambda=1$ 时,最初阶段环性比树性高,树性逐渐增加,环性逐渐下降,当迭代第 7 步时树性和环性相等,之后树性大于环性,到迭代第 44 步后环性又开始大于树性。从图 6-10b)可以看出,当 $\lambda=8$ 时,环性具有下降的趋势,树性具有上升的趋势,但是整个过程环性始终大于树性,其中当迭代第 28 步之后环性和树性趋近于相等。这是因为当 $\lambda=1$ 时,路网结构相对分散,网络结构偏重树性,而随着迭代步数的增加,路网规模变大,路网结构就会出现环性大于树性。而 $\lambda=8$ 时,路网结构相对集中,路网结构始终偏重环性。

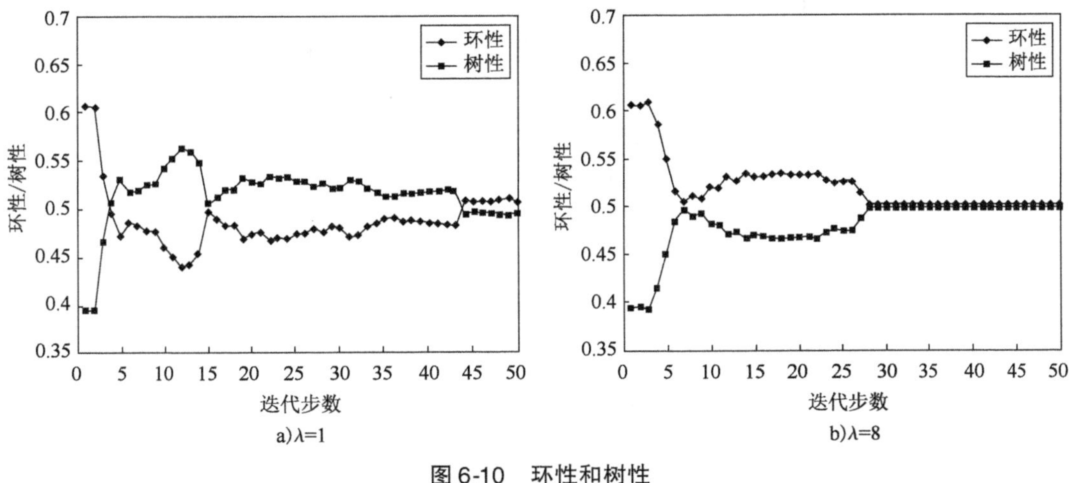

图 6-10　环性和树性

五、互演化覆盖度模拟

覆盖度是衡量道路网络均匀程度的指标。图 6-11 给出了 λ = 1、8 的网络覆盖度的演化结果，从图中可以看出，随着迭代步数的增加，城市道路网络的覆盖度是逐渐增加的，然而 λ = 1 的路网覆盖度始终比 λ = 8 的路网覆盖度低，这是因为当 λ = 1 时，路网结构相对分散，因此道路网络的覆盖度较大，而 λ = 8 时，路网结构相对集中，因此道路网络的覆盖度较小。可见，随着参数 λ 增加，城市道路网络分布变得更加集中，而路网覆盖度会变得更小。

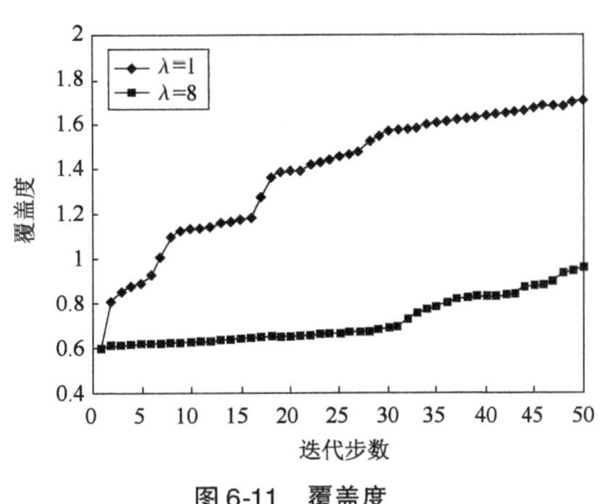

图 6-11　覆盖度

六、地势对城市演化的影响

不同的地势可能产生不同的城市结构，例如平原地区容易形成组团式道路网络结构，而丘陵地区容易产生带状路网结构。图 6-12 和图 6-13 给出了带状城市的演化结果，从图中可以看出，图 6-13 给出的带状城市比图 6-12 给出的带状城市更加狭长一些。这是由于当 λ = 1 时，路网结构比较分散，而 λ = 8 时，路网结构比较集中，因此 λ = 8 时的带状城市更加狭长。

七、人口分布模拟

基尼系数可以用来分析人口分布的均匀程度，图 6-14 给出了 λ = 1、8 的基尼系数的变化情况。从图中可以看出,随着迭代步数的增加,人口分布的基尼系数是逐渐增加的,最终趋近于1。然而在基尼系数增加的过程,$\lambda=1$ 的结果始终比 $\lambda=8$ 的结果低。这是因为当 $\lambda=1$ 时,路网的可达性对人口的分布影响相对比较小,人口会选择房价比较低的区域,所以人口表现出分布比较均匀;而当 $\lambda=8$ 时,路网的可达性对人口分布的影响更大,人口会选择路网密度相对比较高的区域(中心区域),故人口分布相对比较集中。因此,随着参数 λ 增加,人口分布会相对集中化。

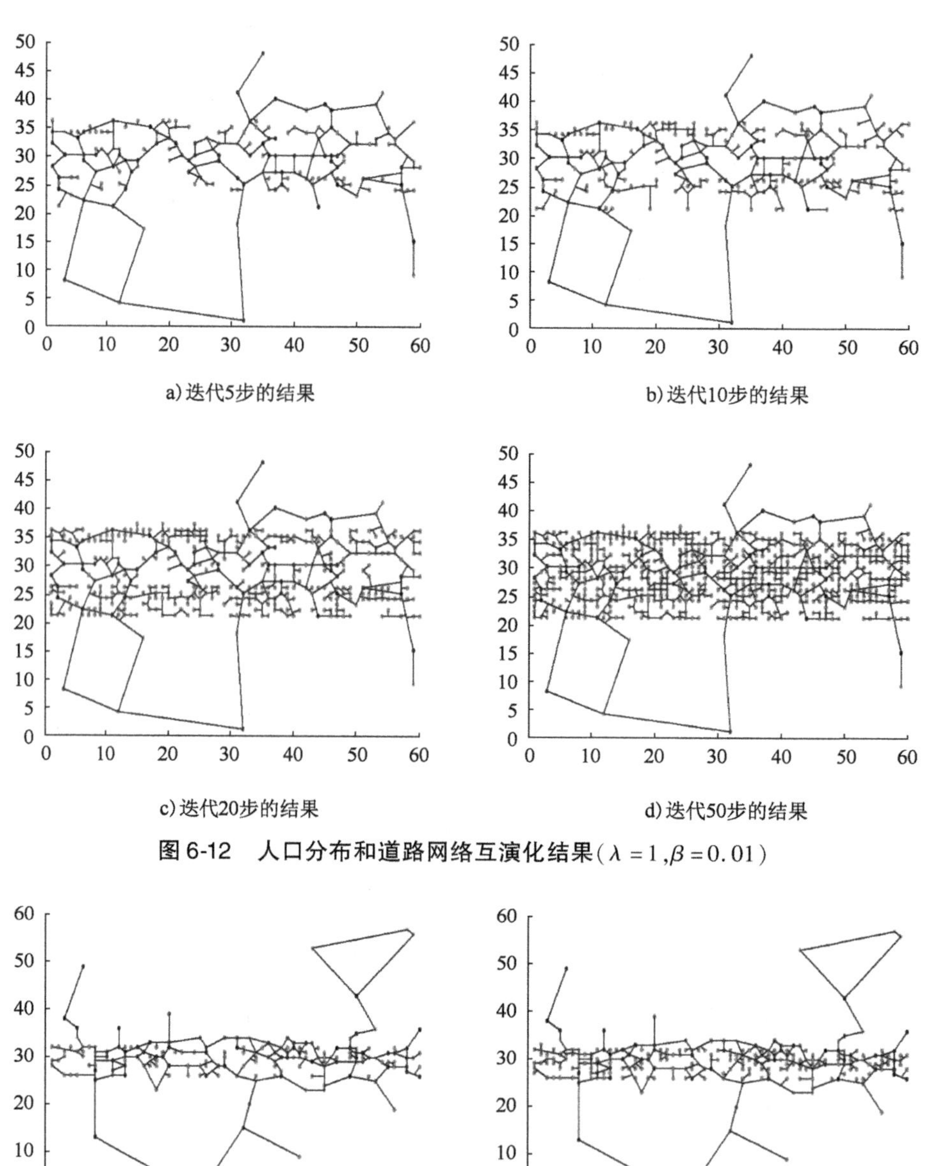

a)迭代5步的结果　　b)迭代10步的结果

c)迭代20步的结果　　d)迭代50步的结果

图 6-12　人口分布和道路网络互演化结果($\lambda=1,\beta=0.01$)

a)迭代5步的结果　　b)迭代10步的结果

图　6-13

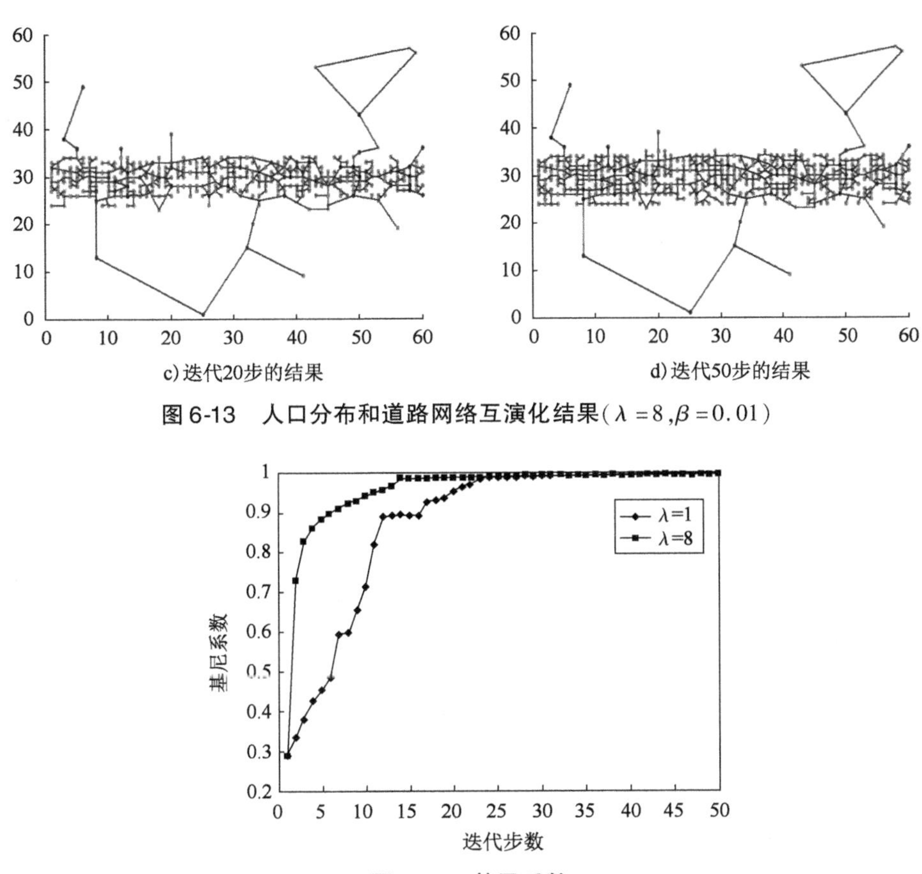

图 6-13　人口分布和道路网络互演化结果($\lambda=8,\beta=0.01$)

图 6-14　基尼系数

第五节　本章小结

本章给出了一个人口分布和城市道路网络的互演化动态模型来预测城市扩张的空间模式。模型一方面考虑了人口分布对路网演化的影响,另一方面又考虑了道路网络分布对人口分布的影响。考虑人口分布密度,对于高密度的区域更加适合建设道路,而对于道路网络密集的地方交通可达性也越高,从而更加适合建设交通小区。仿真实验给出了所提模型的主要特性,具体来说,利用度分布、介数、覆盖度、环性和树性等度量指标来分析人口分布和道路网络之间的互相影响。

本章参考文献

[1] ZHANG L, XU W, LI M. Co-Evolution of Transportation and Land Use: Modeling Historical Dependencies in Land Use and Transportation Decision-Making[R]. US DOT UTC Program: OTREC, Final Report, 2009.

[2] RUI Y K, BAN Y F. URBAN Growth Modeling with Road Network Expansion and Land Use Development[A]. Advances in Cartography and GIScience. Volume 2[C], 2011, 399-412.

[3] LI T F, WU J J, SUN H J, et al. Integrated Co-evolution Model of Land Use and Traffic Network Design[J]. Network Spatial and Economics, 2016,16(2):579-603.

[4] XIE F, LEVINSON D. Jurisdictional Control and Network Growth[J]. Network and Spatial Economics, 2009, 9(3): 459-483.

[5] LI Y, LU D, TIAN Y. Modeling Corridor and Growth Pole Coevolution in Regional Transportation Network[J]. Transportation Research Record, 2014, 2466:144-152.

[6] LEVINSON, D M. Density and Dispersion: The Co-Development of Land Use and Rail in London[J]. Journal of Economics Geography, 2008, 8(1): 55-77.

[7] WU J J, XU M T, GAO Z Y. Coevolution Dynamics Model of Road Surface and Urban Traffic Structure[J]. Nonlinear Dynamics, 2013, 73(3):1327-1334.

[8] WU J J, XU M T, GAO Z Y. Modeling the Coevolution of Road Expansion and Urban Traffic Growth[J]. Advances in Complex Systems, 2014, 17(1): 1-18.

[9] ACHIBET M, BALEV S, DUTOT A, et al. A Model of Road Network and Buildings Extension Co-Evolution [C]. Procedia Computer Science, 2014, 828-833.

[10] LEVISON D M, XIE F, ZHU S J. The Co-evolution of Land Use and Road Networks[C]. Proceeding 17th International Symposium on Transportation and Traffic Theory, 2007, 111-126: 839-859.

[11] BARTHÉLEMY M, FLAMMINI A. Co-evolution of Density and Topology in a Simple Model of City Formation [J]. Networks and Spatial Economics, 2009, 9(3): 401-425.

[12] VON THÜNEN J H. English Translation: Wartenberg, C. M. Von Thünen's isolated state[M]. Oxford: Pergmanon Press, 1966.

CHAPTER 7

第七章

实证分析：以北京市为例